Mara Anders

Wie du frech, wild und wunderbar jung bleibst

Mara Anders

Wie du frech, wild und wunderbar jung bleibst

beim Älterwerden

Edition Forsbach

Bibliografische Information der Deutschen Nationalbibliothek
Die Deutsche Nationalbibliothek verzeichnet diese Publikation in der Deutschen Nationalbibliografie; detaillierte bibliografische Daten sind im Internet über http://dnb.dnb.de abrufbar.

Edition Forsbach
Bücher mit Herz

www.edition-forsbach.de

Abbildungen: S.15 Pixaby; S. 19 Pexels; S. 42 Pexels; S. 48 Julia Sakelli, Pexels; S. 60 Anna Shvets, Pexels; S. 73 Pexels; S. 78 Pexels; S. 87 Chogniti Khongchum, Pexels; S. 92 Pexels; S. 129 Pixaby; S. 130 Lazy Photography, Pexels; S. 148 Anna Shvets, Pexels; S. 161 Mikhail Nilov, Pexels.

Bei Fotos ohne Namen war entweder keine Angabe oder eine in einer anderen Schrift als der lateinischen, die wir verwenden.

Druck und Bindung: CPI books GmbH, Leck
Printed in Germany
ISBN 978-3-95904-200-0 (Print)
ISBN 978-3-95904-201-7 (E-Book)

Widmung

Für alle, die sich von Happy-Aging anstecken lassen,
weil das Leben zu kurz ist, um gegen sich selbst zu kämpfen.

Inhalt

WARUM DIESES BUCH? 9
Und dann noch mit diesem Titel …

DREI GESCHENKE DER WISSENSCHAFT 15
… die leider niemand auspackt

Das erste Geschenk: im Kopf elastisch bleiben 16
Das zweite Geschenk: Die Gene sind schuld 20
Das dritte Geschenk: Du lebst so, wie du denkst 24

DIE REGELN IN FRAGE STELLEN 33
Was die Gesellschaft uns einflüstert

Alter ist nur eine Zahl 42
Wenn es nur so einfach wäre …

Der Blick zurück mit rosaroter Brille 48
Warum früher alles besser war

Was heißt hier schon normal? 53
Nicht jeder Durchschnitt gilt für auch für dich

Bist du sichtbar oder unsichtbar? 60
Die leidige Frage: Bin ich noch attraktiv?

Wechsel auf allen Ebenen 67
Was Hitze so alles verbrennen kann

Auch Muskeln mögen Abwechslung 78
Stur immer dasselbe Sportprogramm?

Lebensmittel für die Lebensmitte 84
So platt wie wahr – du bist was du isst

Hast du noch alle Tassen im Schrank? 92
Möglichst auch noch Teller und Besteck?

Irrtümer über Selbstliebe 97
Muss das sein?

Angst vor Einsamkeit 107
Ein schlechter Ratgeber

Vom Leben mit Einschränkungen 111
Schwieriges Kapitel mit überraschenden Wendungen

Alt sind nur die anderen 117
Die Endlichkeit im Nacken

Anti-Aging – Warum eigentlich? 123
Ich liebe Happy-Aging

DIE WEICHEN STELLEN 129
Du musst wissen, wo du hinwillst

Den Glücksmuskel stärken 130
Auch Glück braucht Übung

Chef im eigenen Kopf 142
Ein paar Hinweise, um genau das zu werden

Der innere Schweinehund 148
… und wie wir ihn überlisten

Einfach so dankbar sein? 156
Was, wenn du keinen Grund dafür siehst?

KONKRETE STELLSCHRAUBEN 161
Jetzt sind wir nur noch pragmatisch unterwegs

Die Energie ankurbeln 162
Konserviert oder frech und wild

Hellwach und bester Laune in den Tag 168
Morgenrituale und Energie

Manifestieren für Anfänger 172
Schwerer und leichter, als du denkst

Zusammenfassung auf Japanisch 180
Das, wofür es sich zu leben lohnt

EPILOG: WAS SICH BEI MIR VERÄNDERT HAT 187
Das einzig Sichere ist der Wandel

Nachwort 190

Einige Bücher, die mich inspiriert haben 192

Zur Autorin 194

WARUM DIESES BUCH?

Und dann noch mit diesem Titel …

Du musst nicht frech und wild werden, um wunderbar zu sein. Aber eine große Portion von diesen beiden Eigenschaften hilft enorm, damit auch dein Alter erfüllend, bewegt und – ja – magisch werden kann. Denn gut altern ist eine Frage der Energie – nicht der Konservierung. Es ist noch so viel möglich, wenn du die richtige Entscheidung für dich und dein Leben triffst. Wenn du bereit bist, dich auf eine neue Reise mit vielversprechendem, aber noch unbekanntem Ziel aufzumachen. Wenn du – wie ich – mit fast 80 Jahren sagen willst: JETZT ist beste Zeit meines Lebens. Oder zumindest eine der besten. Wenn du dein Leben lebenssatt auskosten willst und nicht lebensmüde.

Denn die Uhr tickt unaufhaltsam. Vielleicht hörst du sie zum ersten Mal. Vielleicht hast du sie früher schon gehört. Nur – jetzt tickt sie lauter. Du weißt von Kindheit an, dass keiner von uns ewig lebt. Aber jetzt wird dir mit äußerster Klarheit bewusst, dass auch dein Leben endlich ist. Dass das Alter auf dich zukommt. Zum Beispiel stellst du fest, dass du anfängst, jede neue Falte zu zählen. Dass du dich zunehmend beim Jammern ertappst. Dass dich jedes Zwicken und Zwacken in leichte Panik versetzt. Dass du dich automatisch mit Gleichaltrigen vergleichst. Oder aber mit Jüngeren mithalten willst. Egal, wie viel Anstrengung dich das kostet.

Oder aber, dass du immer öfter zur Apothekenzeitschrift greifst und alle Hinweise aufmerksam liest. Dass dir allmählich bewusst wird, dass du dich schon viel zu lange zu jugendlich anziehst. Auch das Gegenteil ist möglich. Dass du zunehmend auf unauffällige, zurückhaltende Farben setzt. Nichts dagegen, wenn es wirklich zu dir passt. Sehr viel dagegen, wenn es aus einer Art Resignation geschieht. Weil du es dir nicht mehr wert bist.

Dazu kommt noch die Vielzahl an mehr oder weniger aufwendigen Ratschlägen. Du sollst nur noch grünen Tee trinken, vegetarisch essen, Zusatzstoffe einnehmen – auf keinen Fall Zusatzstoffe einnehmen. Yoga – nein, doch lieber Fitnessstudio. Wenn du zunehmend diese und ähnliche Tipps interessiert liest, dann hast auch du angefangen, über Veränderungen nachzudenken. Du merkst, dass es nicht mehr ganz so weitergeht, wie bisher. Wie gesagt, höchste Zeit, die richtigen Weichen zu stellen.

Glaub mir, ich habe alle diese Symptome – und noch mehr – an mir entdeckt im Laufe der Jahre. Bis mir irgendwann mit erschreckender Deutlichkeit eines klar wurde:

Die Jahre zwischen 30 und 60 sind genauso lang wie die zwischen 60 und 90. Du weißt genau wie ich, dass unsere Lebenserwartung eher steigt als sinkt. 90 Jahre alt zu werden ist keineswegs unrealistisch. Wollen wir es uns wirklich 30 Jahre lang nichts mehr wert sein? Also, genau jetzt ist der richtige Zeitpunkt, um ein paar Weichen zu stellen, ein paar Schrauben zu drehen.

> Wir werden alle immer älter, also höchste Zeit, die richtigen Weichen zu stellen.

Bist du bereit für eine spannende Reise zu neuen Möglichkeiten und Träumen? Dann ist dieses Buch genau richtig für dich. Sei willkommen in meiner Welt. Du wirst so einiges neu entdecken. Mag sein, dass du dich manchmal anschnallen musst, dir die Haare zu Berge stehen, du zweifelst. Aber halte durch. Du wirst gestärkt in die nächsten Jahre und Jahrzehnte gehen und dich des

Lebens freuen, egal wie alt du gerade bist. 50, 60 oder 70. Ich habe erst mit 70 Jahren angefangen, mich bewusst auf den Weg zu machen. Und wie das Leben so ist, die Herausforderungen hören nicht auf.

Also, welche Weichen sollst und willst du stellen? Das Angebot an Kursen, Tipps und Tricks ist unendlich. Angefangen von Augenübungen (oder doch lieber Sehübungen), weil die Augen nachlassen. Dann hörst du vielleicht nicht mehr ganz so optimal. Stellt sich also die Frage: Hörgeräte – keine Hörgeräte, lieber besser zuhören? Lässt das Gedächtnis nach? Auch da gibt es spezifische Trainings. Oder doch lieber Entspannungsübungen? Dazu kommen noch Psychobücher, wissenschaftliche Untersuchungen, die uns schaudern lassen, ärztliche Empfehlungen und so weiter und so fort. Und für einige Themen gibt es dann noch eine riesige Bandbreite an Methoden. Jede verspricht den ultimativen Erfolg, um beim Älterwerden jung zu bleiben. Wie sollst du dich da zurechtfinden?

Keine Sorge. In diesem Buch geht es nicht um die einzig richtige Methode, es geht noch nicht mal um Gesundheits- oder Fitnesstipps. Oder nur am Rande. Du wirst hier keine Ratschläge (auch das sind Schläge) um die Ohren bekommen. Und keine To-do-Listen zum Abhaken. Eher eine Palette von Hinweisen, aus denen du das Passende aussuchen kannst. Ich möchte mit dir einen etwas anderen Weg gehen, der dennoch effektiv ist.

Die zentrale Frage ist, warum und wie du heute Wörter wie „Alter" und „frech, wild und wunderbar" (danke Astrid Lindgren) zusammenbringen kannst. Denn bis vor kurzem war das noch nicht einmal denkbar. Da war Alter fast zwangsläufig mit nachlassender Energie, zunehmenden Zipperlein und herunterhängenden Mundwinkeln verbunden. Ehrlich gesagt ist es das bis heute für den größten Teil der Menschheit. Nicht umsonst greifen Jugendliche zum Stock, wenn sie „Alter" darstellen sollen.

Und der Teil „frech, wild und wunderbar“ wird ausschließlich jungen Leuten zugesprochen.

Aber das ändert sich jetzt. Und du kannst ein aktiver Teil dieser Veränderung werden. Warum ich da so sicher bin? Weil ich seit 28 Jahren über 50 bin und genau weiß, wovon ich rede.

Mit fast 80 auf dem Tisch tanzen – geht´s noch?

Richtig gelesen. Ich bin jetzt 78 Jahre alt, habe also die 80 fest im Blick. Und das schreckt mich kein bisschen. Im Gegenteil. Ich freue mich, dass ich bei Bedarf auf den Tisch klettern, einen Abend lang tanzen und mit Jüngeren beim Wandern mithalten kann. Wie du dir denken kannst, war das nicht immer so.

Im Gegenteil. Mein Bild zwischen 50 und 60? Müde, erschöpft, Wechseljahre, mein Sohn mitten in der Pubertät. Eine hoch explosive Mischung. Dazu Trennung. Ich hatte das Gefühl, ich bin nicht 55, ich bin mindestens 70 Jahre alt, Kind geht bald aus dem Haus, ich bleibe alleine zurück. Attraktiv bin ich auch nicht mehr. Und im Beruf bleibt es im besten Fall, wie es ist. Die Depression war so vorprogrammiert. Dazu kam, dass meine Eltern beide innerhalb von 14 Tagen zum Pflegefall wurden. Kein Wunder, dass ich mich nur noch so durch die Tage geschleppt habe.

Das ging ein paar Jahre so, aber irgendwann wollte ich mich nicht mehr damit abfinden. Ich wollte wieder Kontakte, neue Leute kennenlernen. Vielleicht sogar einen neuen Partner?

Mein erster Schritt war, mich der einen oder anderen Gruppe anzuschließen. Das lief eine Zeit lang ganz gut. Vor allem deshalb, weil ich mich – nach alter Gewohnheit – angepasst habe.

Ich wollte mein Leben lang unbedingt irgendwo dazu gehören. So auch in dieser Situation.

Aber dann gab es einen Abend in einer Frauengruppe, der für mich eine totale Wende gebracht hat. Den ganzen Abend wurde gejammert über Krankheiten. Als wäre es zwangsläufig, dass wir alle dement werden, Alzheimer bekommen, neue Hüften und krumme Rücken. Und dass die Männer in jedem Fall von Schlaganfall, Herzproblemen, Prostatakrebs befallen werden.

Wohnen in der Zukunft sah nur noch Pflegeheim vor. Eine finstere Aussicht, vor allem, wenn das Geld nicht reicht, die Rente überschaubar ist. Diese Themen abgehakt, ging es mit den Zipperlein am eigenen Körper weiter. Ich will das jetzt nicht weiter vertiefen.

Gegen Ende des Abends bin ich explodiert. Innerlich und äußerlich. Für die anderen war das verständlicherweise wenig angenehm, zumal ich so richtig losgelegt habe. Eigentlich habe ich mich selbst nicht wiedererkannt.

Verständlich, dass hiermit das Ende der Gruppe für mich gekommen war. Weder die anderen noch ich hatten uns mehr viel zu sagen. Aber mir wurde dadurch bewusst, dass ich es endlich einmal gut fand, nicht dazuzugehören.

Mein stärkster innerer Gedanke war: Ich will nicht so enden! Ich will lieber eine verrückte Alte werden. Das war das einzige Gegenbild, das mir dazu in den Sinn kam.

Eine verrückte Alte bin ich nicht geworden. Aber mein Leben heute übertrifft alle meine Erwartungen: Ich bin gesünder, vitaler, sehe besser aus, habe positivere Freunde (alle jünger), bin Pflegemama meiner 7-jährigen Enkelin und seit fast 20 Jahren glücklich wieder verheiratet.

Und wenn mich meine Freunde nicht immer mal wieder fragen würden „Wie machst du das eigentlich?“, wäre ich auch nicht auf die Idee gekommen, Buch und Coaching zum Thema zu entwickeln. Aber hier sind wir nun. Du hast dieses Buch gekauft, weil du dich auch auf den Weg machen willst. Und ich bin glücklich, dir alles an die Hand zu geben, was mir geholfen hat und dich unterstützen kann.

Fangen wir an.

DREI GESCHENKE DER WISSENSCHAFT

... die leider niemand auspackt

Natürlich ist das ein bisschen übertrieben. Irgendjemand muss sie ja ausgepackt haben, sonst könnte ich nicht darüber berichten. Und es gibt mit Sicherheit noch sehr viel mehr Geschenke, die uns helfen, frech, wild und wunderbar älter zu werden.

Aber ich konzentriere mich hier mal auf die in meinen Augen wichtigsten. Weil – die sind auch noch nicht so besonders bekannt. Diese Geschenke kommen aus drei wissenschaftlichen Disziplinen, sind teilweise ganz neu und teilweise schon ein wenig älter. Aber alle drei sind sehr hilfreich.

Denn was nützt dir meine Behauptung, dass die besten Jahre noch vor dir liegen können, wenn du nicht glauben kannst, dass das möglich ist? Was nützt es, wenn ich dir versichere, es funktioniert, du aber Zweifel im Hinterkopf hast. Du denkst: „Jaaa, bei dir vielleicht, bei mir nicht.“

Wissenschaftliche Untersuchungen haben da hohe Überzeugungskraft, denn sie basieren auf Studien, die mit vielen Menschen und über Jahre durchgeführt wurden. Und was so viele Menschen können, kannst du auch. Dann musst du mir nicht einfach nur glauben.

Das erste Geschenk: im Kopf elastisch bleiben

Kennst du diese Sprüche? Was Hänschen nicht lernt, lernt Hans nimmer mehr. Altern ist nichts für Feiglinge. Oder aber: Alt werden ist gar nicht so schlimm, wenn man die Alternative bedenkt. Daraus folgt dann öfters: Wer alt ist, ist einsam. Alte braucht man nicht. Im Alter ist flirten peinlich. Besonders beliebt bei älteren Menschen: Ein Unglück kommt selten allein, einen alten Baum verpflanzt man nicht und so weiter und so fort.

Ich höre hier direkt auf, denn allein vom Aufschreiben könnte ich deprimiert werden. Aber genau das wollen wir ja nicht. Du weißt ja ohnehin, was ich meine. Ein Gang durch die Stadt, und dir begegnen vielfältige Illustrationen der Glaubenssätze über das Alter. Doch, einen noch: Wenn jemand Älteres etwas vergisst, wird vorschnell kommentiert: Jaja, die Verkalkung schreitet fort. Oder aber: Leise rieselt der Kalk.

Und genau da hat die Hirnforschung angesetzt und herausgefunden, dass dieser Glaubenssatz nicht stimmt. Das sind doch gute Nachrichten – oder?

Es gibt sehr viele Studien zum Thema, aber eine möchte ich doch genauer beschreiben, damit du siehst, was ich meine. Der Neurologe Arne May vom Uniklinikum Hamburg wollte Anfang der 2000er Jahre wissen, was sich verändert, wenn Menschen etwas Neues lernen. Also suchte er eine Gruppe seiner Studenten zusammen, die nur eine Bedingung erfüllen mussten: Keine Kenntnisse im Jonglieren. Das sollten sie nämlich unter wissenschaftlicher Beobachtung erst lernen. Wie du dir denken kannst, war es nicht besonders schwer, Studenten zu finden, die diese Geschicklichkeitsübung noch nie gemacht hatten. Ist ja eher eine ungewöhnliche Disziplin. Also eine gute Wahl von Arne May.

Die Studie wurde dann so durchgeführt: Mit bildgebenden Verfahren wurden die Gehirne der Teilnehmer zu Beginn der Studie untersucht. Dann lernten sie das Jonglieren. Und zwar drei Monate lang. Ziemlich lange Zeit. Und danach wurden sie noch einmal untersucht. Dabei stellte man fest, dass zwei Hirnareale nach dem Training deutlich angewachsen waren. Allein das war schon eine erhellende Erkenntnis. Unser Hirn verändert sich entsprechend unserer Tätigkeiten. Die spannende Frage war dann, ob das nur bei jungen Menschen so ist oder auch bei älteren.

Logischerweise wurde die zweite Studie mit Menschen über 60 durchgeführt. Das gleiche Setting: Untersuchung des Hirns vor dem Jongliertraining und drei Monate später wieder. Es gibt keine Hinweise darauf, wie lange die Einzelnen und die jeweiligen Gruppen gebraucht haben, um die Grundlagen zu lernen. Aber das war für die Studie auch nicht interessant. Leider, denn mich hätte das sehr interessiert. Denn es gibt zahlreiche Hinweise darauf, dass in manchen Bereichen die Jüngeren besser im Verarbeiten sind, in anderen dagegen die Älteren.

Aber egal. Auch bei der zweiten Gruppe war die Hirnsubstanz in denselben Arealen deutlich gewachsen. Mit dieser damals revolutionären Erkenntnis, dass auch im Erwachsenenalter die Substanz des Gehirns noch zunehmen kann, wurde ein altes Dogma widerlegt. Du kannst dir heute vielleicht gar nicht vorstellen, wie revolutionär das war. Bisher war nämlich in allen Gehirnen genau das verankert, was ich eingangs beschrieben habe: „Die Verkalkung im Alter ist einfach zwangsläufig. Keine Alternative." Dass dieser Satz nicht mehr galt, war einfach wunderbar. Großes Aufatmen.

**Du musst dein Gehirn fordern!
Sudoku allein reicht nicht.**

Was genau im Gehirn passiert, ist noch nicht ganz erfasst. Sicher ist aber: Wenn das Training aufhört, geht in genau den gleichen Arealen die Substanz wieder verloren. Unser Gehirn bleibt also unser Leben lang plastisch. Es kann zunehmen, es kann abnehmen. Und wer Letzteres verhindern will, muss sein Gehirn fordern. Und das ist für mich die zentrale Lehre aus der Studie: Du kannst jederzeit das, was verloren gegangen ist, wieder aufbauen.

Nun glauben viele, dass Kreuzworträtsel und Sudoku genug Herausforderung sind, um fit im Kopf zu bleiben. Das reicht aber bei weitem nicht aus. Wenn du deinen grauen Zellen etwas Gutes tun willst, musst du sie fordern. Das heißt nicht, dass du jonglieren lernen musst. Es geht darum, etwas Neues zu lernen. Das kann eine Fremdsprache sein, Gärtnern, Klavierspiel, Mathematik oder was auch immer. Hauptsache, es macht dir Spaß und fordert dich heraus.

Und das klappt am besten, wenn du dich immer wieder mit neuen Dingen auseinandersetzt. Das lässt dein Gehirn dynamisch bleiben, trägt zu einem erfüllten Leben und einem wachen Geist bei. Der Neurobiologe Gerald Hüther ergänzt diese Fakten durch den Hinweis, dass wir am besten dazulernen, wenn das zu Lernende mit positiven Emotionen gekoppelt ist. Denn: Das stärkste Gefühl gewinnt.

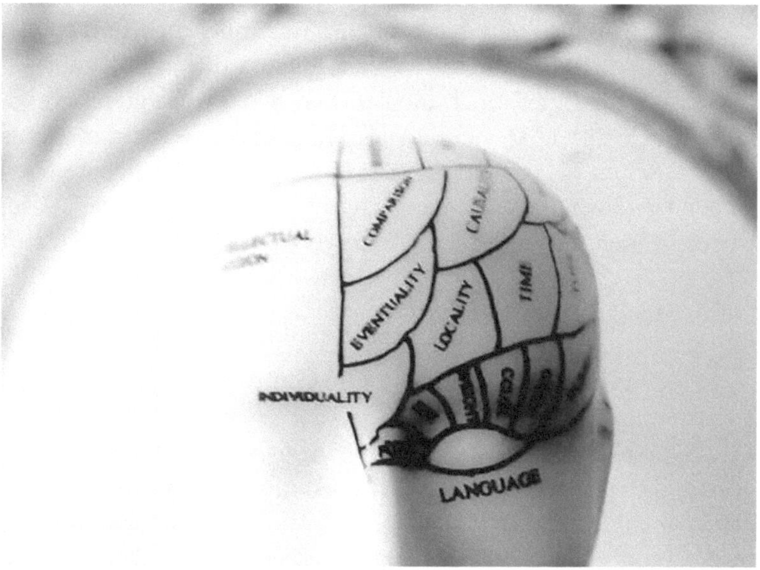

Übrigens hier noch eine spannende Ergänzung aus der Zeitschrift *Zeit Wissen* (1/23): „Menschen, die auf der Höhe ihrer Zeit leben, fühlen sich besser und sind gesünder. Diese Erkenntnis ist nicht neu. Bereits 1979 nahm eine Gruppe von 70- bis 80-Jährigen an einem psychologischen Experiment teil … Eine Woche lang lebten die Probanden im Jahr 1959, also 20 Jahre früher. Und zwar in einem Fünfzigerjahre-Bau mit entsprechender Möblierung. Zeitungen oder TV-Nachrichten stammten von 1959, ihre Gespräche drehten sich um die damalige Zeit und Lebenssituation. Das Ergebnis: Die Senioren waren nach dem Experiment deutlich beweglicher und litten weniger an Arthritis, einige schnitten in Intelligenztests besser ab, alle sahen auf Fotos jünger aus als zuvor. Allein, dass sie sich fühlten, als seien sie am Puls der Zeit, hatte ihr Wohlbefinden gesteigert.“

Und was können wir daraus lernen? Die Zeit zumindest mental zurückdrehen? Oder doch lieber nach vorne kurbeln? Das hieße dann, dass wir nicht mehr über die Technik, die Jugend oder was auch immer grummelnd den Kopf schütteln. Sondern, dass wir die Herausforderungen der heutigen Zeit annehmen und so viel wie möglich davon für uns nutzen. Schluss mit „Ach, Internet, das ist nix für mich" oder „Social Media, das ist ja ziemlich gefährlich. Da gibt es so viel Betrug". Ganz ehrlich – nicht mehr als im wirklichen Leben, nur anders. Und über die Straße zu gehen ist auch gefährlich, wenn man sich nicht an die Regeln hält. Also, Regeln lernen und munter loslegen. Es tun sich neue Welten auf.

Das zweite Geschenk: Die Gene sind schuld

Die Gene bestimmen, wer du bist. Du hast entweder gute Gene geerbt, dann hast du Glück. Oder eben nicht. Dann hast du Pech. Für manche Menschen ist dieser Glaube eine hochwillkommene Ausrede – für andere eher eine Last. Wie aber verhält es sich wirklich?

Die relativ junge Wissenschaft der Epigenetik hat da so einiges zurechtgerückt. Das erkläre ich hier an einem Beispiel. In meinen Zwanzigern fing ich an, immer allergischer gegen immer mehr Pollen zu werden. „Das hat sie vom Vater geerbt", lautete die Diagnose der Familie. Der ging jahrzehntelang nur niesend durch die schöne Jahreszeit. Und irgendwann war es auch bei mir so weit, dass ich nur mit Taschentüchern, Nasen- und Augenspray bewaffnet an die frische Luft gegangen bin. Lebensqualität sieht anders aus.

Doch ein paar Jahrzehnte später war das vorbei. Ich kann seitdem wieder den Frühling, den Sommer, den Herbst unbeschwert genießen. Wie das kommen kann, erklärt die Epigenetik. Du fragst wahrscheinlich, was das ist. Bis vor einigen Jahren hatte ich den Begriff noch nie gehört. Und auch mein Rechtschreibprogramm kennt den Begriff nicht, denn er wird immer rot unterstrichen. Aber egal.

Hier eine kurze Erläuterung: Die Epigenetik untersucht, wodurch die Aktivität der Gene gesteuert wird. Dabei hat man festgestellt, dass wir auch durch die Lebensweise unserer Eltern und Großeltern bestimmt werden. Wir alle kennen den Satz „Du bist, was du isst". Die Epigenetik ergänzt das durch „Du bist auch, was deine Eltern und Großeltern gegessen haben, wie sie gelebt haben, was sie gedacht haben". Das klingt ein bisschen unheimlich.

Aber die gute Nachricht ist, dass wir diese Prägungen durch das Leben unserer Vorfahren rückgängig machen können. Der Wissenschaftler Bruce Lipton sagt sehr deutlich in seinem Buch „Intelligente Zellen", dass du deine Gene verändern kannst. Du bist nicht ihr Sklave, wie man uns jahrzehntelang weisgemacht hat. Auch Gene reagieren auf die Umwelt und ihr Umfeld (das bist du mit deinen Gedanken, Gefühlen und deiner Lebensweise) und können sich neu bilden.

Du bist, was dein Opa
gegessen hat? Echt jetzt?

Wie das? Durch unsere Lebensweise und die unserer Vorfahren können einzelne Gene in unserer DNA „zugeklebt" werden. Kleine Moleküle setzen sich an bestimmten Stellen fest und verhindern, dass dieses Gen seine Arbeit tun kann. Wenn aber Gene nicht mehr aktiv sind, hat das weitreichende Folgen für uns. Glücklicherweise lässt sich das wieder auflösen, indem wir unsere Lebensweise ändern. Das sagt sich so leicht, ist für viele Menschen aber lebenswichtig.

Beispiele sind die vielen Menschen, die mit einer angeblich unheilbaren Krankheit wieder gesund wurden. Dann spricht man von Wunderheilung oder Spontanheilung. Interessanterweise wurde dieses Phänomen erst nach 2010 genauer untersucht.

Und zwar von der jungen amerikanischen Ärztin Kelly A. Turner. Sie wunderte sich, dass es Tausende von Studien gibt über den Verlauf und die Heilungschancen der verschiedenen Arten von Krebs. Und keine einzige darüber, wie es kommt, dass einzelne Menschen gesund wurden. Obwohl ihnen nur eine Lebenserwartung von ein paar Monaten oder wenigen Jahren vorausgesagt wurde.

Wenn man es genau betrachtet, ist das eigentlich ein Skandal. Und zeigt nur, wie einseitig wir als Gesellschaft Krankheiten wahrnehmen. Aber gut, da ändert sich ja gerade das eine oder andere. Zurück zur Studie der jungen Ärztin.

Kelly A. Turner interviewte 1500 Menschen, die wie durch ein Wunder überlebt hatten. Dabei stellte sie Folgendes fest: Alle diese Menschen hatten sich bewusst um eine Veränderung ihrer Lebensumstände gekümmert.

In einigen Punkten hatten alle dasselbe getan:

- Sie hatten gesünder gegessen,
- außerdem in hochwertige Vitalstoffe und Kräuter investiert,
- komplett die Verantwortung für sich übernommen,
  (obwohl ihnen von der Schulmedizin dringend abgeraten wurde, eigene Entscheidungen zu treffen),
- ihre positiven Gefühle verstärkt,
  (bestimmt nicht immer einfach, wenn man todkrank ist),

- auf die eigene Intuition vertraut,
  (dabei mussten sie sich sicher auch vor wohlmeinenden Freunden und der Familie schützen),
- sich einen Kreis von unterstützenden Menschen gesucht.

Einige hatten nicht nur den Beruf gewechselt, sondern auch den Bundesstaat, um optimale Voraussetzungen für ihre Genesung zu schaffen.

Und siehe da, alle hatten überlebt. Was hat das mit unserem Thema zu tun? Ganz einfach, wenn das bei todkranken Menschen passieren kann, dann erst recht, wenn es um etwas so Normales geht wie den Alterungsprozess. Gesünder essen steht auch da an, denn ab der Lebensmitte verlangsamt sich der Stoffwechsel. Hochwertige Vitalstoffe sind in meinen Augen ein Muss.

Nicht nur wegen des Stoffwechsels, sondern auch, weil unsere Lebensmittel oft den Namen nicht mehr verdienen. Ich sage nur saurer Regen, Düngemittel, sogenannter Pflanzenschutz, zu lange Lagerung. Das essen wir alles mit. Selbst Bio-Lebensmittel können nicht 100 Prozent vor schädlichen Umwelteinflüssen bewahrt werden. Also ist es dringend notwendig, ein Gegengewicht zu schaffen. Dazu in einem späteren Kapitel ein bisschen mehr.

Und jetzt weißt du ja schon, warum ich keine Pollenallergie mehr habe: Ich habe aktiv meine Lebensumstände verbessert, mehr auf mein Essen geachtet, regelmäßig eine Kur zum Entsäuern und Entgiften gemacht (geht ganz einfach von zu Hause aus) und Vitalstoffe genommen. „Geerbt" hatte ich nämlich nur eine Klebestelle auf meinen Genen.

Übrigens, falls du mit dem Begriff „Vitalstoffe" nichts anfangen kannst: Es handelt sich dabei um Mikronährstoffe, Vitamine, Spurenelemente, Mineralien und sekundäre Pflanzenstoffe. Und diese werden gebraucht, um die Zellen gut zu nähren. Denn unsere Zellen sind intelligent, haben ein Gedächtnis, wie Bruce Lipton in seinem Buch „Intelligente Zellen“ beweist. Er beschreibt „erstaunliche wissenschaftliche Erkenntnisse über die biochemischen Funktionen unseres Körpers, die zeigen, dass unser Denken und Fühlen bis in jede einzelne unserer Zellen hineinwirkt“. Zum Weiterforschen ist das Buch sehr gut geeignet.

Das dritte Geschenk: Du lebst so, wie du denkst

Das dritte Geschenk, das ich dir vorstellen möchte, kommt aus der Quantenphysik. Und da ich davon weniger als nichts verstehe, ist es für mich eher übersinnlich. Aber du hast da vielleicht mehr Ahnung, und dann ist das alles kein Neuland für dich.

Dennoch hier eine kurze Erläuterung: „Die Quantenphysik ist die fundamentalste physikalische Theorie, die wir haben. Sie dringt tief in die Welt der Atome und ihre Bestandteile ein. Doch sie hat zwei Seiten. Einerseits liefert sie äußerst präzise Vorhersagen zu den experimentellen Resultaten. Andererseits steckt sie voller Rätsel, sie ist regelrecht mysteriös. Es ist genau dieser Konflikt, der die Quantenphysik so faszinierend macht“, schreibt Dieter Schuster in seinem Buch „Quantenphysik – eine leicht verständliche Einführung“. So weit so gut. Ich bin nur unwesentlich schlauer und gehe jetzt weiter im Text.

Im Alltag hilft dir (und mir) der Satz von Albert Einstein vielleicht weiter: „Alles ist Energie und dazu ist nicht mehr zu sagen. Wenn du dich einschwingst in die Frequenz der Wirklichkeit, die du anstrebst, dann kannst du nicht verhindern, dass sich diese manifestiert. Es kann nicht anders sein. Das ist nicht Philosophie. Das ist Physik.“ Also kurz gesagt: Du lebst, wie du denkst. Das ist anfangs ziemlich schwer verdaulich. Deshalb lass mich ein paar

Geschichten dazu erzählen. Denn Menschen aus den verschiedensten wissenschaftlichen Disziplinen haben Erstaunliches und Bewegendes herausgefunden. Und alles bestätigt Einsteins Satz.

Die erste Geschichte: Es war einmal ein Mann namens Cleve Backster. Der war Spezialist für Lügendetektoren. Das heißt, er hat Kriminalbeamte, Geheimagenten und andere darin ausgebildet, wie man diese Lügendetektoren handhabt. Irgendwann an einem langweiligen Wochenende in den 1960er Jahren saß er in seinem Büro und hat so vor sich hingedacht. Und du weißt ja, wie das ist, wenn du so vor dich hindenkst. Dann kommen die abwegigsten Überlegungen.

Und manchmal auch die produktivsten. So bei Cleve Backster. Er dachte nämlich plötzlich: Was passiert wohl, wenn ich die Büropflanze meiner Sekretärin an den Lügendetektor anschließe und ein Blatt in heißen Kaffee tunke? Gedacht getan. Pflanze angeschlossen, Blatt in heißen Kaffee getunkt und gespannt auf die Maschine geschaut. Aber nix da. Es passierte gar nichts. Sinnend stand Cleve Backster im Raum, als ihm ein neuer Gedanke kam: Was passiert, wenn ich ein Blatt verbrenne?

Ein Drachenbaum fürchtet sich
vor dem Streichholz.

Dann ging er in ein Nebenzimmer, holte eine Schachtel Streichhölzer, um die Pflanzenblätter ein wenig anzubrennen. Als er zurückkehrte, schlug plötzlich der Schreiber des Lügendetektors heftig aus, obwohl Backster noch gar nicht in der Nähe der Pflanze war.

Er war verblüfft, konnte der Drachenbaum wirklich seine Gedanken und seine Absichten lesen?

Er hat daraufhin Tausende von Experimenten durchgeführt, die alle dasselbe zeigten: Pflanzen reagieren auf unsere Gedanken. Übrigens wurden seine Ergebnisse erst in den 1990er Jahren veröffentlicht unter dem Titel „Das geheime Leben der Pflanzen". Hat damals viel Aufsehen erregt.

Das Aufsehen hat sich ziemlich beruhigt. Denkt kaum einer mehr dran, obwohl das Buch immer noch verlegt wird. Dabei sind seine Erkenntnisse doch hochinteressant. Pflanzen spüren unsere Gedanken! Wenn das selbst bei Pflanzen so ist, wie viel mehr muss das bei uns Menschen wirken.

Die zweite Geschichte: Auch der japanische Wissenschaftler Dr. Masaru Emoto hat gezeigt, dass unsere Gedanken und Absichten die physische Welt beeinflussen. Er war einer der wichtigsten Wasserforscher der Welt. Über 20 Jahre lang, bis zu seinem Tod im Jahr 2014, untersuchte er wissenschaftlich, wie sich die Molekularstruktur des Wassers verändert, wenn es menschlichen Worten, Gedanken, Klängen und Absichten ausgesetzt ist.

Wie hat er das herausgefunden? Er ließ verschiedene Wasserproben einfrieren. Dann kleine Eisstücke daraus entnehmen und aus ihnen Wasserkristalle züchten. Diese bilden sich bei einer Temperatur zwischen -5 und 0 Grad Celsius. Abhängig davon, wie die Struktur dieser Wasserkristalle erscheint, hat Dr. Emoto Rückschlüsse auf die Qualität des Wassers gezogen.

Das heißt, Wasser mit einer zerstörten inneren Struktur (weil z. B. zu viele Umweltgifte enthalten waren) bildet keine Kristalle. Während reines und klares Wasser wunderbare Kristalle bildet. Die Veröffentlichung seiner Fotos in dem Buch „Die Botschaft des Wassers: Sensationelle Bilder von gefrorenen Wasserkristallen" hat eine Welle der Erkenntnis um die Welt geschickt. Leider nicht bei allen Menschen. Aber doch genügend, dass ein gewisses Bewusstsein für die Wasserqualität geweckt wurde.

Im Weiteren wurden auch Fotos veröffentlicht von Gläsern mit Wasser. Auf einem stand „Liebe", auf dem anderen „Hass". Und was soll ich sagen? Kristalle aus dem Glas mit der Aufschrift „Liebe" waren wunderschön und klar, Kristalle aus dem anderen Glas ein einziges Geschwurbel.

Die Fotos sind tief berührend. Und besonders ergreifend finde ich, dass ein geschriebenes Wort seine Information an das Wasser weitergeben kann. Warum? Weil der Mensch, der das schreibt, in dem Moment auch, ein bisschen zumindest, das fühlt, was er schreibt. Und – wir haben das ja schon bei Cleve Backster gesehen – unsere physische Welt nimmt die Energie unserer Gedanken wahr, insbesondere, wenn sie mit einem Gefühl verbunden sind.

Was gutes Wasser mit Liebe zu tun hat

Nochmal die Frage von vorhin: Wenn Gedanken bewiesenermaßen auf unsere physische Umwelt wirken – wie viel mehr müssen sie auf uns und unser menschliches Umfeld wirken?

Schon Einstein hat ja die These aufgestellt, dass Energie und Materie zwei Formen derselben Sache sind. Dass Energie befreite Materie und Materie Energie ist, die darauf wartet, verwandelt zu werden. Kannst du dir vorstellen, dass der Tisch, an dem du sitzt, aus Energie besteht?

Ich kann das ehrlich gesagt nur glauben, weil hochkarätige Wissenschaftler den Satz von Einstein bestätigen. Und der Satz von Einstein sagt ja, dass wir rundum von Energie umgeben sind. Heutzutage kann man mit dem Hubble-Teleskop sogar zeigen, dass auch der Weltraum keineswegs leer ist.

Sondern zwischen den Planeten strömen energetische Felder. Das Wunderbare ist, dass wir Menschen in jeder Zellstruktur, in jedem Molekül dieselben Strukturen haben, wie sie im Universum zu finden sind. Und dann sage noch einer, was da oben im Himmel passiert, könne gar keinen Einfluss auf uns hier unten haben.

Doch zurück zur Energie. Sie ist einfach eine ziemlich nebulöse Sache. Man kann nicht an ihr kratzen, man kann sie nicht sehen. Man kann nur spüren, wie sie durch uns hindurchfließt. Und jetzt wissen wir auch noch, dass unsere Gedanken nicht nur Energie aussenden, sondern Energie sind. Holla, die Waldfee. Da wird dir plötzlich bewusst, dass du ziemlich viel Verantwortung hast. Und zwar für dich. Wie und was du denkst, wird da sehr wichtig.

Das Universum liefert, was du bestellst. Sicher?

Du kannst ja selbst mal ausprobieren, wie deine Gedanken auf dein Umfeld wirken. Die Amerikanerin Pam Grout hat in ihrem Buch „E²" spielerische Experimente zusammengefasst, die nicht nur spannend sind, sondern auch neue Erkenntnisse liefern. Sie beweist, dass Wunder keine Frage des Glaubens sind, sondern von uns erzeugt werden.

Wie das? Weil du deine Wahrnehmung veränderst. Du kennst das sicher. Als du ein Kind erwartet hast, waren plötzlich lauter schwangere Frauen um dich herum. Du hast dir das Bein gebrochen – merkwürdig, die ganze Welt scheint voller Leute mit Gipsbein zu sein. Pam Grout fordert dich auf, zu spielen.

Zum Beispiel kannst du dir bestimmte Autonummern oder Autofarben vorstellen. Und dann danach Ausschau halten. Oder dir ein unverhofftes Geschenk innerhalb der nächsten 48 Stunden wünschen. Als ich das ausprobiert habe, ist innerhalb von ein paar Stunden genau das eingetreten: Der Bäcker hat mir ein Croissant geschenkt, der Feinkostverkäufer eine Dose mit Humus und ein Freund hat mich zum Kaffeetrinken eingeladen.

Du findest das zu banal? Kann ja immer mal passieren? Stimmt, aber wenn es regelmäßig genau dann passiert, wenn du dir das wünschst, dann ist es nicht mehr banal. Ich hätte das unter anderen Umständen gar nicht als Geschenk wahrgenommen.

Deshalb fand ich die Anregungen von Pam Grout wirklich magisch. Denn sie hat anschaulich Spiritualität mit Wissenschaft verknüpft und auch du kannst ausprobieren, wie nahe Wunder und Glück beieinander liegen. Das macht Spaß und bringt sofort neuen Schwung in dein Denken.

Dann fiel mir auch noch Folgendes ein: Sieben Jahre lang habe ich um die Ecke von unserer jetzigen Wohnung gewohnt. Und jedes Mal, wenn ich die Straße entlang ging, habe ich gedacht: „Da oben, im ersten Stock möchte ich wohnen."

Dann habe ich meinen jetzigen Mann kennengelernt und ein Jahr später wurde die Wohnung frei. Undankbarer Weise dachte ich damals: „Warum ging das nicht ein bisschen schneller?"

Die dritte Geschichte: Das waren jetzt ein paar Beispiele, wie Gedanken auf die äußere Welt wirken. Wie sieht es jetzt mit unserer Innenwelt aus? Stell dir einen leichten Autounfall vor.

Jemand fährt von rechts, ohne zu schauen, in die Hauptstraße, trifft ein rotes Auto, das langsam auf die Ampel zurollt. Der Scheinwerfer vorne rechts ist bei dem roten Auto kaputt, das Blech ein bisschen eingedellt. Schuld ist eindeutig der Fahrer, der aus der Nebenstraße kam.

Das passiert drei verschiedenen Personen in diesem Gedankenexperiment.

- Die erste Person – eine junge Mutter – hat gleich einen Termin beim Kinderarzt und das Kind sitzt hinten und schreit. Ihre Reaktion: Sie gerät völlig außer sich und weiß nicht mehr, was tun.

- Die zweite Person – ein höherer Angestellter – steigt aus dem Auto, sieht sich den Schaden an und greift sofort zum Handy. „Sorry, aber ich kann leider gar nicht an dem Meeting gleich teilnehmen, hatte einen Unfall, muss auf die Polizei warten." Seine Reaktion: Gott sei Dank muss ich nicht zu dem öden Meeting.

- Die dritte Person – eine junge Studentin – besieht sich den Schaden und freut sich. Warum? Der Scheinwerfer ist schon länger kaputt. Eigentlich wollte sie ihn letzte Woche schon reparieren lassen. Zum Glück hat sie das nicht gemacht. Jetzt muss der Unfallverursacher zahlen.

Derselbe Vorfall, drei Menschen, drei unterschiedliche Reaktionen. Je nachdem, was sie über den Unfall denken. Was hier deutlich wird: Wir fühlen das, was wir denken. Erst kommt der Gedanke, dann das Gefühl. Ein Grund mehr, sich mit unserer Gedankenwelt zu beschäftigen. Und ich meine hier nicht „Think positive". Denn das bleibt in der Regel an der Oberfläche. Wir gehen einen Schritt weiter. Doch dazu in einem späteren Kapitel mehr.

Zum Abschluss dieses Kapitels noch ein Zitat von dem Zellbiologen Bruce Lipton aus seinem Buch „Intelligente Zellen": „Wir sind keine ohnmächtigen, biochemischen Maschinen … (denn) … unser Glaube und unsere Überzeugungen kontrollieren unseren Körper, unser Denken und damit unser Leben."

Wir haben bis jetzt drei Erkenntnisse gewonnen, die hilfreich für unser Leben sind:

1. Unser Gehirn ist bis ins hohe Alter formbar.

2. Scheinbar geerbte Eigenschaften können verändert werden.

3. Unsere Gedanken senden Energie aus, die uns selbst, unsere Mitmenschen und sogar unsere physische Umwelt beeinflusst.

DIE REGELN IN FRAGE STELLEN

Was die Gesellschaft uns einflüstert

Wie kannst du das, was du im vorigen Kapitel gelernt hast, jetzt produktiv für dich umsetzen? Leider ist es auch hier so: Vor den Erfolg haben die Götter den Schweiß gesetzt. Das heißt, du solltest dir erstmal die Regeln anschauen, die dich bestimmen. Meist, ohne dass es dir großartig bewusst ist. Vielleicht glaubst du, dass heute doch alles lässig ist, du doch tun kannst, was du willst.

Das ist das, was du bewusst denkst. Weißt du, welche Sätze in deinem Unbewussten stecken und dich bestimmen? Sätze wie: Alte Menschen haben ein schlechteres Immunsystem. Das ist eben so, wenn man älter wird. Das ist erblich bedingt. Gegen das Altern kann man nichts machen. Ich habe nur noch so und so viele Jahre zu leben. Im Alter werden Rückenprobleme schlimmer. Im Alter wird alles schwieriger. Irgendwann werde ich mich nicht mehr um mich selbst kümmern können. Wenn man alt wird, wird man auch krank. Mit dem Alter kommen die Falten. Das Herz (die Leber, die Lunge ...) funktioniert nicht mehr so gut. Und als Drohung: Werde du erst mal so alt wie ich!

> Der Eisberg schwimmt mit der Strömung,
> egal wohin der Wind bläst.

Das ist ein bisschen so wie mit einem Eisberg. Ein Stück guckt oben aus dem Wasser. Kommt dir schon gewaltig vor. Dann vergisst du, dass der bei weitem größere und massivere Teil unter Wasser schwimmt. Jetzt stell dir vor, dass der Wind von Westen kommt und den Eisberg anschieben will. Die Strömung im Wasser kommt aber von Osten. Was passiert? Der Eisberg wird von der Strömung getrieben. Egal, wohin der Wind pustet. Also was wir bewusst denken, hat erstmal nix, aber auch gar nix mit dem zu tun, was die größte Kraft in uns ist.

Deshalb ist es so wichtig, dir die oben aufgezählten Sätze klarzumachen. Kommt dir der eine oder andere auch bekannt vor? Ich kenne sie alle. Und weiß heute, dass ich keinen einzigen glauben muss. Aber um sie loszuwerden, musste ich so einiges tun. Außerdem sind das bei weitem nicht alle Glaubenssätze, die ein glückliches Altern verhindern. Dazu kommt noch eine Vielzahl von anderen Prägungen, die dir im Weg stehen können.

Die Eltern zum Beispiel. Meine Mutter hat mit 40 Jahren aufgegeben. Von einem Tag zum anderen hat sie sich nicht mehr frisiert, sondern gekämmt. Nicht mehr geschminkt, sondern nur gerade so eben etwas Creme ins Gesicht getan. Keine hübschen Kleider mehr getragen, sondern nur noch das, was bequem war. Sie war eine Frau, die sich immer gerne schön angezogen hat, sehr ideenreich aus alten Klamotten modische Blusen genäht hat. Ihr früherer Sinn für Ästhetik und Schönheit – dahin. Ihre ganze Körperhaltung verwandelte sich danach von aufrecht und beschwingt zu gebeugt und schlurfend.

Mein Vater ist das Thema – wie viele Männer – etwas später angegangen. Mit 63 Jahren ging er in Rente, war noch ein Jahr lang Berater einer großen Firma und hat sich dann vor dem Fernseher niedergelassen. Ob Krimi, Doku-Soap oder Naturfilm über die Taiga – er hat alles angeschaut. Die Auswahl war – erinnere dich – damals sehr begrenzt. Gerade mal drei Programme. Aber das hat ihn kein bisschen abgehalten. Denn vor dem Fernseher musste er halt nicht reden. Ab und zu hat er sich aufgerafft, machte einen Spaziergang. Das gefiel ihm, weil er auch dann nicht reden musste. Denn Mutter hatte ja aufgegeben.

Also, in meinen Eltern habe ich nun wirklich kein Vorbild gesehen. Die Großeltern? Auch nicht, denn in ihrer Generation galten ja noch strengere Regeln für das Verhalten ab einem gewissen Alter. Alt war jeder und jede ab 45 und sollte sich auch entsprechend verhalten. Am besten schwarz gekleidet, auf jeden Fall gedeckte Farben. Als Mann solltest du stark sein, die Familie finanziell versorgen, auf keinen Fall Gefühle zeigen. Als Frau Kinder großziehen, den Haushalt führen und ansonsten den Mund halten. Saloppe Kleidung galt als völlig unangemessen. Auch wenn die Zeiten sich geändert haben – tief in uns leben diese und ähnliche Bilder weiter.

Alltägliche Geschichten über das Älterwerden

Zum Beispiel Iris: Sie ist jetzt Mitte 50 und hat ein sehr schwarzes Bild von ihrem eigenen Älterwerden. Eigentlich macht für sie nichts mehr Sinn. Wozu sich noch aufraffen? Kann doch eh nichts Spannendes mehr kommen. Beruf? Eine interessante Alternative tut sich wahrscheinlich nicht mehr auf. Die gläserne Decke ist deutlich spürbar. Mehr kann sie nicht erreichen. Partner? Nachdem der Ehemann gegangen ist, verließ sie ihr Mut.

Zum Beispiel Angelina: Ende 50 wurde sie krank und hat sich früh verrenten lassen. Das war´s dann. Sie lebt im 3. Stock eines Mietshauses. Lebensmittel und anderes lässt sie sich liefern. Also gibt es für sie auch keinen Grund, vor die Tür zu gehen. Aber per Telefon informiert sie die paar verbliebenen Freunde ausführlich über jedes Zipperlein, jeden Schmerz, jede Stimmung, in der sie sich befindet. Einige der paar verbliebenen Freunde haben nach vielen solcher einseitigen Gespräche aufgegeben. Aber Angelina fällt da kein Zusammenhang auf. Die ehemaligen Freunde und überhaupt die Welt meinen es einfach nicht gut mit ihr.

Zum Beispiel Thomas: Er trinkt gerne mal einen, seit seine Frau ihn mit 50 verlassen hat. Oder auch zwei ... Dass sein Bauch immer dicker wird und er immer träger – das kann ja nicht am Alkohol liegen. Das ist bestimmt ein genetischer Defekt. Dafür kann er ja nichts. Also trinkt er munter weiter. Ab und zu antwortet er auf Kontaktanzeigen. Ist ja noch ein ganzer Kerl – oder?

Leider meldet sich keine der Damen nach dem ersten Treffen wieder. Wenn er mal anruft, findet er die Damen zickig, weil sie kein zweites Date mit ihm wollen. Die Frauen sind wirklich einfach zu dumm, um seinen wahren Wert zu erkennen.

Eine junge Frau schrieb mir auf Facebook einen Brief. Sie hatte von meiner Community „Wie du frech, wild und wunderbar jung bleibst" gelesen und sich angesprochen gefühlt.

Das allein ist schon recht erstaunlich. Aber ihrem mitfühlenden Herzen fielen sofort die Eltern und andere Familienangehörige im fortgeschrittenen Alter ein. Ihr tut es weh, zu sehen, wie sich ältere Menschen irgendwann einfach aufgeben. Keine Visionen, keine Ideen, keine Initiative mehr haben. Stattdessen sich aber ausführlich mit Krankheiten und Zipperlein beschäftigen. In der Folge dann das Jammern anfangen und sich nur noch selbst leid tun.

Auch alles, was früher im Leben passiert ist, wird dann nur noch durch die schwarze Brille gesehen. Vieles wird auch bereut, weil irgendwann die falschen Entscheidungen getroffen wurden.

Die junge Frau beschreibt in ihrem Brief sehr eindringlich, was das mit ihr macht. Wie sehr es sie zerfrisst, dass sie dem Elend zuschauen muss und nicht helfen kann.

Ihr selbst ist völlig klar, dass wir alle Schöpfer unseres eigenen Lebens sind. Auch, dass die Weichen für gutes Älterwerden früh gestellt werden. Dass man schon in jungen Jahren dafür sorgen kann, dass nicht alles Unangenehme unter den Teppich gekehrt wird. Denn sie sieht: Es ist einfach, wenn man jung ist. Das rächt sich aber in späteren Jahren.

Sie selbst hofft und glaubt daran, dass alt werden auch Spaß machen kann. Denn all die Lebenserfahrung kann doch dazu führen, das Leben besser zu genießen. Und zum Schluss des Briefes bedankt sie sich dafür, dass ich ihr so viel Mut mache.

Warum ich den Inhalt so ausführlich wiedergegeben habe? Weil diese junge Frau so deutlich macht, dass jede Person, die sich so extrem hängen lässt, das Leben für alle in ihrer Umgebung schwerer macht. Sie zeigt auf, dass wir als ältere Menschen Verantwortung haben. Uns selbst, aber auch unseren Lieben gegenüber. Außerdem wird damit für die nachfolgenden Generationen ein falsches Signal gesetzt.

Soweit die Stimme einer jungen Frau.

Ich will dich ja nicht deprimieren, aber erkennst du in diesen Beispielen ein Muster wieder? Erstens: Die anderen sind schuld. Zweitens: Die Glaubenssätze übers Älterwerden haben bei allen voll eingeschlagen. Alle glauben, dass es zu spät ist, um fit und gesund zu sein. Zu spät, um neue Freunde oder Partner zu finden. Zu spät, um überhaupt etwas Neues anzufangen. Und wenn man das denkt, wird es mit jedem Jahr schwieriger.

Du wirst unbeweglich und lädst damit alle möglichen Zipperlein und Krankheiten ein. Du wirst einsamer, denn Freunde, die keine Litanei des Leidens hören wollen, ziehen sich zurück. Du bleibst im alten Trott stecken und das macht missmutig bis hin zu depressiven Gefühlen. Denn wie wir im Kapitel mit den drei Geschenken gelernt haben, prägen deine Gedanken dein Leben. Du wirst, was du denkst.

Zum Glück sind wir nicht verpflichtet, uns das Leben so schwer wie möglich zu machen. Für diesen wunderbaren Satz habe ich der Kinderbuchautorin Christine Nöstlinger zu danken. Denn es gibt Abhilfe. Du kannst Chef im eigenen Kopf werden. Wie? Dazu schreibe ich in einem späteren Kapitel noch etwas. Und um gleich jetzt ein wenig Mut zu machen, hier eine Geschichte, die schon fast 100 Jahre alt ist.

Wir sind nicht verpflichtet, uns das Leben so schwer wie möglich zu machen.

Bertold Brecht hat sie unter dem Titel „Die unwürdige Greisin" geschrieben. Sie handelt von einer 60-jährigen (!) Witwe, die von ihrem Erbe ein Auto kauft und mit einem jungen Mann auf Reisen geht. Wohlgemerkt, die Witwe, schwarz und zurückhaltend gekleidet, und der junge Mann ist ausschließlich ihr Chauffeur.

Dennoch Skandal. Im Dorf wird um die Wette getratscht. Von ihren erwachsenen Kindern und Verwandten wird sie als „unwürdig" bezeichnet. Alle strengen sich unglaublich an, um die Frau von ihrem Vorhaben abzubringen. Glücklicherweise ohne Erfolg. Genau diese Prise Frechheit und Wildheit, die in uns allen steckt, haben dieser Frau geholfen, sich durchzusetzen.

An der Geschichte siehst du, wie viel sich bereits geändert hat. Und dass niemand, wirklich niemand so leben muss, wie ich das in den Beispielen skizziert habe. Obwohl du sicher auch die eine oder andere Situation aus deinem Umfeld kennst.

Es scheint also so, als könnten wir Alten heute mehr oder weniger machen, was wir wollen. Im Vergleich stimmt das. Aber die Einflüsterungen der Gesellschaft, wie wir uns zu verhalten haben, sind dennoch sehr stark – wenn auch subtiler. Vor einiger Zeit (als ich ungefähr 75 war) bin ich mal im knallroten Kleid in die Straßenbahn gestiegen. Diese ist, wie du weißt, ein Fahrzeug, das eher von älteren oder ärmeren Menschen benutzt wird. Nun, wir haben kein Auto, nehmen also die Bahn. Im knallroten Kleid. Ich sage nur Spießrutensitzen.

Vielleicht war ich damals besonders empfindlich, vielleicht waren gerade ungewöhnlich viele Menschen mit ungewöhnlich vielen Vorurteilen unterwegs. Die Kommentare und Blicke möchte ich hier nicht näher beschreiben. Denn das ist nur ein Beispiel von vielen, wie auch du durch tatsächliche oder vermutete Urteile in deinen Schranken gehalten wirst.

Der Rock ist zu kurz, die Haare zu lang, dein Lachen zu laut … setz deine eigenen Erfahrungen ein. Männer haben es da auch nicht besser. Lebensmitte, Porsche und klar, der will sich nur eine Junge aufgabeln. Vielleicht stimmt das. Vielleicht auch nicht.

Kehren wir zurück zum Spießrutensitzen. Eines zeigt das Beispiel deutlich: Wir als ältere Menschen sind unsicher in unserer Rolle. Für meine Oma war völlig klar, wie sie diese Rolle auszufüllen hatte – zumindest nach außen hin. Sie trug gedeckte Kleidung, schmuste häufig mit uns, sang Lieder, erzählte schauerliche Märchen und kochte für unsere stets hungrigen Mägen.

Heutige Großmütter haben schon viel über Psychologie gelesen und trauen sich gar nicht mehr von Rotkäppchen oder Schneewittchen zu berichten. Haben oft gar keine Lust, häufig als Babysitter eingesetzt zu werden. Sie haben eigene Interessen, sind auch verunsichert, weil ihnen klar ist, dass sie die eigenen Erfahrungen mit Kindererziehung nicht eins zu eins auf die Enkelkinder übertragen dürfen. Da sei Mama vor.

Aber das macht Menschen aus, unsicher zu sein. Neue Rollen auszuprobieren. Neugierig zu bleiben.

Zum Glück darfst du als älterer Mensch ein wichtiges Privileg auskosten: Du darfst dich der einen oder anderen Neuerung selbstverständlich auch verweigern.

Du darfst dich Neuerungen auch verweigern.

Eine Sache möchte ich gerne noch berichten. Nämlich, wie und wann mir klar wurde, dass ich selbst die Art, wie ich älter werde, bestimmen kann. Und das ging so: Es gab 1975 einen Film, der im Rahmen der Frauenbewegung ziemlich viel Furore gemacht hat „Nehmen Sie es wie ein Mann, Madame".

Eine Hausfrau beginnt über ihre Rolle und die Vorgaben der Männergesellschaft nachzudenken. Sie träumt von einem Rollentausch, in dem Frauen Männerrollen übernehmen, überall Chefin sind, ihren Sekretär tätscheln und ihre Privilegien auskosten. Männer tragen Brusttoupets(!), besorgen den Haushalt, betreuen die Kinder und dienen als Sexualobjekt.

Diese Traumsequenz hat mich sehr beeindruckt. Denn die Frauen im Film liefen plötzlich aufgerichtet und energiegeladen durch die Welt, strahlten um die Wette. Falten hatte ich an ihnen überhaupt nicht mehr wahrgenommen. Währenddessen schlurften die Männer mit ihren Plastiktüten vom Einkauf durch die Straßen und schauten missmutig aus der Wäsche.

Diese Bilder haben sich mir so eingeprägt, dass sie mir heute – nach über 40 Jahren – immer noch präsent sind. Wobei der platte Rollentausch mich nicht beeindruckt hat. Wohl aber die Energie, die diese Frauen ausstrahlten. Mir wurde ein damals fast unglaubliches Bild gezeigt, dass auch für eine Frau das Älterwerden nicht zwangsläufig zur Unsichtbarkeit führen muss.

Natürlich hat der Film zunächst nicht viel geändert. Aber das Bild blieb: Wenn ich energiegeladen bin, dann bin ich sichtbar und kann etwas bewirken. Schau dich um: Vieles davon ist heute für Frauen möglich. Immer noch nicht alles, aber doch sehr viel mehr als in meiner Jugend. Und das heißt nicht, dass die Männer jetzt wie in dem Film rumlaufen sollten. Im Gegenteil. Wir alle schätzen doch ein wahrnehmbares, sichtbares Gegenüber, Partner und Partnerin, mit denen wir uns austauschen können.

Die Erkenntnisse aus diesem Kapitel:

1. Wir können und müssen die alten Bilder und Glaubenssätze ändern.

2. Wir müssen uns bewusst um gutes Älterwerden kümmern, weil sonst die alten Geschichten greifen.

3. Energie verjüngt uns.

Alter ist nur eine Zahl

Wenn es nur so einfach wäre …

Den Satz kennst du auch. Ab einem bestimmten Geburtstag versichern dir wohlmeinende Menschen jedes Mal: „Ach, Alter ist nur eine Zahl.“ Stimmt in gewisser Weise.

Auf der anderen Seite – wenn ich von meiner Mission spreche, unsere Bilder vom Alter gegen den Strich zu bürsten, höre ich häufig Sätze wie diese: „Ach das interessiert mich nicht. Ich bin 55, fühle mich noch viel zu jung.“ Dann das vertraute „Alter ist nur eine Zahl“. Und besonders auffallend „Alt? Warum gleich negativ werden?“

Was hat das harmlose Wörtchen „alt“ mit Negativität zu tun? Das ist doch ein eindeutiges Indiz, dass wir ein völlig schräges Bild vom Leben haben.

Wie gesagt, diese Sätze, höre ich häufig. Komplett in Ordnung, wenn du sie voller Gelassenheit sagen kannst. Aber oft spiegelt sich darin im Grunde Angst. Angst vor dem Älterwerden, vor all dem, was da noch kommen könnte.

- Wenn du dich zu jung fühlst, ist das wunderbar. Täuscht aber nicht darüber hinweg, dass sich das eine oder andere Zipperlein doch schon bemerkbar macht.

- Wenn Alter für dich nur eine Zahl ist. Das ändert nichts daran, dass jetzt keine endlosen 50 oder 40 Jahre mehr vor dir liegen.

- Wenn du allein die Erwähnung des Wörtchens „alt" schon als negativ empfindest, wie willst du dann deine Zukunft gestalten?

Werbung und Presse füttern diese Angst. Dann denkst du, dass du nur die richtigen Produkte kaufen musst, das richtige Fitness-Programm, die richtigen Medikamente. Aber die Wahrheit ist: So lassen sich Ängste nicht lösen.

Im Grunde weißt du das schon, denn du bist nicht umsonst schon „länger unterwegs". Aber du weißt nicht, was du tun kannst. Die Beispiele in deinem Umfeld: Da ist nichts, auf das du dich freuen könntest. Du denkst dann, wenn ich nicht so genau hinschaue, dann wird es schon.

In Wahrheit ist es aber so, dass du deine Ängste nur wegschiebst. Und ihnen den Raum lässt, im Unterbewusstsein weiter zu wirken, sich zu vergrößern, auszuweiten.

Jetzt habe ich ziemlich viel über Ängste geschrieben. Dabei wollen wir doch frech, wild und wunderbar jung bleiben. Stimmt schon. Nur der Nachsatz fehlt noch. Jung bleiben – auch wenn du weiter jedes Jahr Geburtstag hast.

Du kannst es natürlich auch wie Joan Collins halten, die noch mit 90 behauptete, gerade mal 40 Jahre alt zu sein. Also radikales Leugnen, weil – wir wissen ja – Alter nur eine Zahl ist. In meinen Augen auch keine Lösung. Da halte ich es schon lieber mit meiner Großmutter, die 60 Jahre älter war als ich. Und die mir schon in frühester Jugend klar machte: Wenn du alt wirst, musst du das würdevoll tun.

In Würde altern? Was kann das heute heißen?

Wie du dir denken kannst, war das kein Satz, der mich besonders begeistert hat. Heute aber denke ich, dass Würde zu Unrecht ziemlich aus der Mode gekommen ist. Irgendwie habe ich den Eindruck, dass Würde keine Chance hat, aber haben sollte. Angesichts der vielen Postjugendlichen, die gerade in den Medien unterwegs sind. Mit ihren straff gezogenen Gesichtern und der künstlichen Munterkeit vergeht auch mir gelegentlich die Lust, frech, wild und wunderbar jung zu bleiben. Das wird noch verstärkt, wenn jetzt künstliche Intelligenz Einzug hält. Glattgebügelte Sprache, glattgebügelte Haut und in der Folge glattgebügeltes Denken. Du siehst, auch ich falle manchmal auf solche Bilder und indirekten Einflüsterungen rein. Kein Wunder, denn die Welt schreit uns täglich an:

- mach täglich Sport
- nimm diese Creme, dieses Wässerchen
- sei immer fröhlich und gut gelaunt
- mach Platz für die Jungen
- bleib aktiv bis ins hohe Alter

Vielleicht möchtest du lieber in Ruhe gelassen werden von all diesen Forderungen. Deinen eigenen Weg finden. Stressfrei und entspannt. Auf deine Weise jung bleiben beim Älterwerden. Dann musst du dich – wie ich – wieder daran erinnern, dass jünger auszusehen zwar nett ist, aber das grundsätzliche Dilemma nicht löst.

> Jünger auszusehen ist zwar nett,
> löst aber das Dilemma nicht.

Es gibt einen wesentlichen Aspekt, der in unserer Gesellschaft die persönliche Würde unterstützt. Das ist die Arbeit. Wenn jemand dich fragt: „Und? Wer bist du?", hast du dein Berufsleben lang mit genau dem geantwortet. Mit deinem Beruf. Tja, dann kommt die Rente und jetzt?

Wenn das eine gute Zeit für dich war, dann solltest du arbeiten, solange es dir Spaß macht. Denn auch dann wird das Alter in Zahlen unwichtig.

Du hast es eben schon gelesen. Wir können viel länger fit bleiben und tun, was uns erfüllt, als uns die Welt vorgaukeln will. Nun, ich bin nicht die Einzige, die mit über 70 noch mal ein neues Arbeitsleben angefangen hat. Weil ich einfach gerne etwas Sinnvolles zu tun habe. Denn mein Leben ist erfüllt, weil ich es fülle. Deshalb plädiere ich hier ganz ausdrücklich dafür, dass wir wirklich lange arbeiten sollten.

Zum einen, weil es dich kein bisschen zufrieden macht, wenn du pünktlich mit Rentenbeginn alles hinschmeißt. Nach dem Motto: Jetzt habe ich mir meinen Ruhestand verdient. Ruhe und Stand. Die beiden Wörter in Kombination sagen doch alles.

Und das hat nichts damit zu tun, dass die Politik uns vorschreiben will, wie lange wir arbeiten müssen. Denn, machen wir uns nichts vor. Es ist ein Riesenunterschied, ob du auf dem Bau schwere körperliche Arbeit leistest, in einer Bäckerei den ganzen Tag auf den Füßen bist, dich in der Pflege behinderter Kinder verausgabst oder aber eine Arbeit hast, die dich bereichert und dich herausfordert. Egal, ob du im Ehrenamt, als Architekt, als Autorin oder Berater deine Erfüllung findest.

Heute ist es ja so, dass zum Beispiel Hochschullehrer ab einem bestimmten Alter nicht weiterarbeiten dürfen, obwohl sie die geistigen und körperlichen Fähigkeiten hätten, noch weiter ihr Wissen und ihre (hoffentlich) Weisheit weiterzugeben. Auf der anderen Seite werden Menschen, die ihr Leben lang hart gearbeitet haben, gezwungen, bis zu demselben Alter zu schuften.

Ganz klar, die Jobs mit harter körperlicher Arbeit müssen zeitlich begrenzt werden. Allerdings wäre es mehr als wünschenswert, dass ab der Lebensmitte Alternativen angeboten werden, den fordernden Beruf ohne völlige Verausgabung ausüben zu können. Das hört sich noch nach Zukunftsmusik an, ist es auch. Aber wir dürfen ja mal träumen.

Ruhe und Stand, die beiden Wörter sagen doch alles.

Wenn ich sage, dass du weiterarbeiten solltest, sind alle Tätigkeiten mit einbezogen. Egal, ob Ehrenamt im Museumsshop, Vorleser im Altenheim oder Kindergarten, Hausaufgabenhilfe für Kinder, die schwer lernen oder eben eine Arbeit, für die du Geld bekommst.

Mir hat mal jemand vorwurfsvoll gesagt, ich würde ja den Jungen die Arbeit wegnehmen. Erstens stimmt das nicht, denn kein junger Mensch kann meine Arbeit machen. Und zweitens zahle ich weiterhin Steuern, trage also dazu bei, dass all das, was diese Gesellschaft ausmacht, bezahlt werden kann.

Das ist es, was ich unter Würde verstehe. Und einen Satz finde ich in diesem Zusammenhang besonders wichtig. Mach dir keine Sorgen über das Älterwerden. Dann schon eher darüber, dass du langweilig werden könntest. Denn das ist der absolute Killer. Und eine sinnvolle Tätigkeit schützt vor Langeweile.

Die Erkenntnisse aus diesem Kapitel:

1. Es ist ein großer Unterschied, ob du 40 oder 50 Jahre vor dir hast oder nur noch 10 oder 20.
2. Leugnen nützt nichts, denn Ängste leben im Unterbewusstsein weiter.
3. Auch du kannst jederzeit etwas Neues anfangen.

Der Blick zurück mit rosaroter Brille

Warum früher alles besser war

Dass die Leistungen unseres Gedächtnisses grundsätzlich unzuverlässig sind, sollte uns gleich misstrauisch machen gegenüber den Erinnerungen an unsere ach so schöne Jugend. Kennst du sicher auch, die Leute, für die früher alles besser war. Die sich deshalb gerne und mit Eifer erinnern.

Natürlich kann es Sinn machen, zurückzuschauen. Woraus willst du sonst klug werden, außer durch Erfahrung, und aus Erfahrung wirst du nur klug, wenn du daraus etwas lernst. Für die Zukunft. Klar doch.

Also jede schlechte Erfahrung kannst du nutzen, um etwas Gutes daraus zu machen. Es gibt nichts Gutes, außer man tut es. Ich weiß, ich wiederhole mich hier an manchen Stellen. Aber Lernen geht eben auch über Wiederholung und in konzentrischen Kreisen. Bis unser etwas schwerfälliges Unterbewusstes endlich kapiert hat, worum es geht.

Dennoch – und das ist wichtig – der Blick zurück verführt viele Menschen, zu glauben, dass früher alles besser war. Politik? Klar, war das früher besser. Denk nur an Willy Brandt. Oder die langen Jahre mit Helmut Kohl. Tatsächlich haben dieselben Leute zu Lebzeiten von Brandt oder Kohl kein Blatt vor den Mund genommen.

Zu weich oder zu starre Politik. Der eine ist mit dem Kniefall in Warschau im Gedächtnis geblieben und hat die Menschheit zu Tränen gerührt. Der andere durch bloße Hartnäckigkeit und mit seinem Lieblingsgericht Saumagen einen Platz in der kollektiven Erinnerung erhalten. Ich übertreibe. Klar. Beide haben viele andere verdienstvolle Dinge getan. Aber die Übertreibung zeigt, dass wir uns sehr selektiv erinnern. Dasselbe gilt für fast alles andere, was scheinbar sicher in unserem Hirn gespeichert ist.

Vor einiger Zeit traf ich eine Frau, die gerade aus Kuba zurückkam. Sie schwärmte von dem altmodischen Charme in Havanna. Diese Autos. Viel schöner als die heute. Ach, es muss doch eine tolle Zeit gewesen sein, diese 1950er Jahre. Und meine Freundin, die die 1950er Jahre wie ich aus eigener Erfahrung kennt, fiel freudig mit ein.

Ja, das waren tolle Jahre. Rock´n Roll und so. Die hübschen Kleider mit den weiten Röcken. Und die Partykeller, ja, wir konnten noch feiern. Ich habe sie ziemlich ungläubig angeschaut. Denn ich habe mich noch sehr gut daran erinnert, wie sie mit mir gemeinsam über das Kleinkarierte der Erwachsenen, über den Mangel an Auswahl und vor allem über das Benehmen, das von uns verlangt wurde, geschimpft hat. Mädchen dürfen dies nicht, Mädchen dürfen das nicht.

So passiert es nämlich, dass früher alles besser war: reiner Mangel an Erinnerung. Ein schlechtes Gedächtnis kann ein Segen sein. Einer, der in vielen Fällen an mir vorbei gegangen ist. Und darüber bin ich sehr froh. Das bewahrt mich davor, sentimental zu werden beim Gedanken an meine Jugend und die jungen Erwachsenenjahre.

Natürlich war nicht alles schlecht. Ist es ja nie. Es gab vieles, was tatsächlich besser war als heute. Aber mindestens genauso vieles, was schlechter war. Im Schnitt also halten sich gut und schlecht in etwa die Waage. Wir haben genauso viele Fehler gemacht in den vergangenen Jahren wie die Generationen vor uns und wie die Generationen nach uns machen werden. Also, alles bleibt anders.

Warum ist es jetzt so wichtig, dass du gerade beim Älterwerden nicht permanent darauf schaust, was früher alles besser war? Wenn du ein gutes Alter haben willst, musst du die Veränderung leben, die du haben willst.

Gandhi hat das in Bezug auf Politik gesagt. Da wird ja auch viel zu oft versucht, die Welt besser zu meckern. Aber es gilt selbstverständlich für jeden Aspekt im Leben. Die Vergangenheit besteht aus Erinnerung, die Zukunft aus Vorstellungen. Leben tust du aber heute. Jetzt. Hier.

> Wenn du gut altern möchtest, musst du die Veränderung leben, die du haben willst.

Falls du also zu den Menschen gehörst, die einer scheinbar rosigen Vergangenheit hinterher trauern, dann frage dich immer wieder: „Stimmt das wirklich? Erinnere ich mich 100 Prozent genau, dass alles so war?" Denn glücklich wirst du erst, wenn du diese Bilder hinter dir lässt und dich der Gegenwart zuwendest.

Wie du weißt, spielt uns unsere Erinnerung gerne Streiche. Denn wir werden von Gefühlen, Vorurteilen und äußeren Ereignissen beeinflusst. Wenn du zum Beispiel mit einem Lied aus deiner Jugend besondere Gefühle verbindest, verblassen alle anderen Erinnerungen daneben. Du glaubst dem Gefühl, das du gerade empfindest. Oder du bist dir sicher, dass dein Freund damals der größte Depp war, weil er dich verlassen hat. Triffst du ihn heute wieder, kannst du sein wahres Wesen gar nicht erkennen, weil die Kränkung und der daraus abgeleitete Satz „… ist ein Depp" sich sofort davorschiebt. Gleichzeitig kann es sein, du triffst ihn in deiner besten Laune und schon denkst du: „Ach, der war doch ganz nett."

Du siehst daran, auf was für einem wackeligen Boden unsere Erinnerungen leben. Auch abhängig von deiner Wahrnehmung. Vielleicht hast du Details übersehen. Oder jemand fragt dich auf eine bestimmte Art und Weise. Zum Beispiel: Das war doch bestimmt sehr romantisch, der Heiratsantrag auf dem See in einem Ruderboot. Sofort vergisst du, dass du damals 30 Mückenstiche kassiert hast und während der romantischen Aktion nur denken konntest: „Musste das jetzt ausgerechnet hier sein?"

Diese Veränderung der Erinnerung passiert natürlich nicht mit Absicht. So funktioniert unser Gehirn beziehungsweise unser Gedächtnis nun mal. Alles unter dem Gesichtspunkt, möglichst effektiv zu arbeiten. Und da der Speicher im Laufe des Lebens immer voller wird, muss sich natürlich auch die Erinnerung anpassen. Dann werden zwei Erinnerungen zusammengepackt und plötzlich bist du dir sicher, dass der Heiratsantrag nicht in einem von Mücken umschwirrten Boot war, sondern ohne Mücken so romantisch, wie von deinem Mann beabsichtigt. Oder aber eine Erinnerung fällt ganz aus deinem Gedächtnis raus. Deine Freundin erzählt dir ein gemeinsames Erlebnis und du stehst da und schaust sie mit leerem Blick an. Was? Das sollen wir gemeinsam gemacht haben? Kann gar nicht sein. Ich erinnere mich überhaupt nicht, dass wir frühmorgens über den Zaun zum Badesee gestiegen sind, um eine Runde vor dem Frühstück zu schwimmen.

Du siehst, Seen spielen in meinem Hirn gerade eine tragende Rolle. Frag mich nicht wieso. Keine Ahnung. Könnte übrigens sein, dass meine negativen Erinnerungen an die 1950er Jahre in ähnlicher Weise gefärbt sind. Hier müsste jetzt ein Smiley mit Augenzwinkern stehen. Kommt mir in einem Buch aber etwas merkwürdig vor.

Die Erkenntnisse aus diesem Kapitel:

1. Die schöne Jugend ist oft das Ergebnis von schlechtem Gedächtnis.

2. Unsere Erinnerungen leben auf wackeligem Boden.

Was heißt hier schon normal?

Nicht jeder Durchschnitt gilt für auch für dich

„Das ist doch nicht normal!“ – Das ist einer der Sätze, die in der Erfahrung vieler zur Anpassung geführt haben. Aber wenn du nachfragst, kann dir niemand genau sagen, was das sein soll. Denn was als „normal“ definiert wird, ist oft einfach nur eine persönliche Meinung. Oder das Ergebnis von Studien, die ungenau interpretiert werden.

Dick? Also Gefahr von Herzinfarkt! Dir tut was weh? Geh zum Arzt! Ab 50 registrierst du jedes Zwicken und Zwacken mit Besorgnis. Machen wir uns nichts vor. Wenn es früher mal gezwickt hat, hat es eben gezwickt. War ok so. Jetzt sieht das anders aus. Es zwickt hier ein wenig, es zwickt da ein wenig. Du erzählst das deiner Freundin und die reagiert sofort: „Lass das lieber mal untersuchen.“ Und schon sitzt du beim Arzt.

Im Wartezimmer geben dir lauter wohlmeinende Menschen guten Rat. An den Wänden findest du Hinweise, auf was du ab jetzt achten solltest. In den Illustrierten blicken dich schön ergraute „Senioren“ an und sparen auch nicht mit Hinweisen auf all die Gefahren, die jetzt lauern können. Eines wird dir dadurch überdeutlich: Jetzt ist es vorbei mit dem sorglosen Leben. Jetzt droht das Alter. Sei gewappnet! Sei vorsichtig! Informiere dich gründlich!

Vielleicht ist dir das auch schon aufgefallen. Seitdem du die fünfzig überschritten hast, wird dir auf einmal per Internet ganz andere Werbung angezeigt. Nix mehr mit sexy Unterwäsche oder tollen Abenteuerreisen. Jetzt stehen Treppenlift, Rollator und

Windeln im Mittelpunkt. Auch hier präsentiert von Vertrauen erweckenden älteren Herrschaften. Damit du ja nicht vergisst, dass an jeder Ecke Gefahren für dich und dein körperliches Wohl lauern. Denn jetzt ist es vorbei mit dem schönen, unbeschwerten Leben. Wobei das auch vorher schon in den meisten Fällen eine Illusion war. Denn kein Leben ist so schön, wie das in der Werbung. Das kann aber auch umgekehrt gelten.

Zurück zum Anfang. Du sitzt beim Arzt, weil es zwickt und zwackt. Schließlich stellt sich heraus, dass dein Zwicken und Zwacken völlig harmlos ist. Aber: Der Cholesterinspiegel zum Beispiel ist zu hoch. Der Arzt blickt dich besorgt an und findet das überhaupt nicht in Ordnung. Vermutlich will er dir Statine verschreiben. Nein danke. Er hält dagegen. Deine Werte seien bedrohlich hoch, ungefähr das Dreifache von dem, was normal ist. Fast beginnst du zu schwanken.

Das ärztliche Wissen verdoppelt sich alle drei Jahre – wer blickt da noch durch?

Hier stellt sich für mich die zentrale Frage. Was heißt hier eigentlich normal? Es ist ziemlich egal, ob es sich gerade um den Cholesterinspiegel, das Herz oder irgendein anderes Körperteil handelt. Die Werte, die als Norm errechnet werden, sind einfach nur Durchschnitt. Wenn von 10.000 Patienten alle Werte zusammengerechnet und durch 10.000 geteilt werden, sagt das überhaupt nichts über die einzelne Person aus. Hat dabei mal jemand festgehalten, wie es denjenigen mit den höchsten Werten tatsächlich geht? Welche Faktoren vielleicht verhindern, dass dieser Wert sich negativ auswirkt?

Es wäre jetzt billig, auf die Ärzte zu schimpfen. Wenn du dir klar machst, dass sich das ärztliche Wissen alle drei Jahre verdoppelt, wie soll da ein einzelner Hausarzt den Überblick behalten? Selbst Spezialisten haben Mühe, auf dem neuesten Stand zu bleiben – neben der Behandlung der vielen Patienten.

Es bleibt dir (und uns allen) also gar nichts anderes übrig, als selbst die Verantwortung zu übernehmen. Genau hinzuspüren, ob du das angebotene Medikament wirklich brauchst. Und wenn ja, auch regelmäßig zu überprüfen, ob es immer noch Sinn macht. Wir haben viel zu sehr die Verantwortung für unseren Körper, unsere Gesundheit an Spezialisten abgegeben. An Ärzte, Psychologen und andere Heilberufe. Natürlich ist es toll, dass es sie alle gibt. Und in vielen Fällen auch absolut notwendig. Ich plädiere hier nur dafür, dass wir uns ein Stück Eigenmacht zurückerobern. Selbst entscheiden, ob und wie was für uns stimmt. Denk an die Schwerkranken aus dem Abschnitt über die Epigenetik. Was die können, können wir doch schon lange – oder?

> Beschwerden von Frauen werden häufig nicht so richtig ernst genommen.

Dazu kommt ein weiteres Thema, das insbesondere Frauen betrifft. Frauen wurden jahrhundertelang genauso behandelt, als wären sie Männer. Das hatte zur Folge, dass ihre Beschwerden nicht so richtig ernst genommen wurden. Mit teilweise dramatischen Folgen. Zum Beispiel stand in *Brigitte Wir* vom Juni 2023 Folgendes: „Nehmen wir an, plötzlich schmerzt Ihre Brust und Ihnen ist übel … Sie geben Ihre Beschwerden in eine als seriös geltende Gesundheits-App ein."

Die Antwort lautet korrekt: „Wenn es sich ernst anfühlt, ist ihre sicherste Option, einen Rettungswagen zu rufen" und listet als mögliche Ursachen auf den ersten Plätzen eine Perikarditis auf, also eine Entzündung der dünnen Membranen, die das Herz umgeben, und eine instabile Angina pectoris, eine mangelnde Blutversorgung des Herzmuskels, die beide in die Notaufnahme gehören.

Und dann folgt der Knaller: „Diese Antwort erhalten Sie allerdings nur, wenn Sie sich als Mann registriert haben." Einer Frau mit genau denselben Symptomen liefert die App folgende Einschätzung: „Manche Ihrer Symptome könnten eine Behandlung beim Hausarzt innerhalb der nächsten sechs Stunden erfordern. Wenn die Symptome anhalten, schlimmer werden oder Sie sich Sorgen machen, suchen Sie weitere medizinische Beratung." Als Ursachen werden diesmal eine Panikattacke („kann üblicherweise zu Hause behandelt werden") und eine Depression angegeben („erfordert üblicherweise einen Besuch beim Hausarzt").

Jetzt kannst du natürlich sagen, dass es blöd wäre, sich auf eine App zu verlassen. Stimmt, aber die Hinweise der App zeigen ein Symptom, das sich durch die gesamte Medizin zieht.

Weiter mit *Brigitte Wir*: „Dieses Beispiel ist nicht erfunden. Im Jahr 2019 postete ein Twitter-Nutzer zwei Videos, in denen er für eine 60-jährige Person, die raucht, zwei Mal dieselben Beschwerden in den Symptomchecker des britischen Unternehmens Babylon Health eingibt – und unterschiedliche Ergebnisse bekommt, je nachdem, ob es um eine Frau oder einen Mann geht."

Ich beschreibe das hier, weil es eines ganz klar und deutlich zeigt: Als Frau und gerade als ältere Frau, die gesund bleiben will, musst du dich unbedingt auf dich selbst verlassen und ganz genau hinschauen, was dir angeboten wird. Denn wir alle kennen aus unserem Umfeld Frauen, die geradezu abhängig geworden sind von dem, was ihr Arzt rät, was er zu diesem und zu jenem Symptom sagt. Wie oben schon gesagt, es geht nicht darum, die Ärzte zu beschimpfen. Es geht darum, aufmerksam zu sein und die Verantwortung für sich selbst zu behalten.

Zum Glück gibt es inzwischen immer mehr Ärzte und Heilpraktiker, denen bewusst ist, dass Frauen auch auf der körperlichen Ebene anders „ticken“ als Männer. Dass sie als Heiler da quasi Neuland betreten und genauer nachfragen und untersuchen müssen. Denn „Der Zyklus und das Auf und Ab der Hormone machen den weiblichen Körper für die Medizin kompliziert. Grund genug, Frauen in Studien oft einfach wegzulassen“, so *Brigitte Wir*. Und weiter „das ist bestimmt psychisch, hören Frauen oft schnell“.

> Gerade als ältere Frau musst
> du dich auf dich selbst verlassen.

Viel zu schnell, möchte ich hinzufügen. Und steuere gleich ein kleines und harmloses Beispiel bei. Als mein Sohn klein war, hatte ich eine Zeitlang intensives Jucken und leichte Rötungen im Nacken. Ich ging also schnurstracks zum Hautarzt, der in diesem Fall eine Hautärztin war. Sie schaute mich an (wobei ich zu der Zeit ziemlich überfordert war und entsprechend aussah). Dann schaute sie kurz meinen Nacken an und meinte, dass das Jucken eher psychisch sei. Denn sonst sei ja nichts festzustellen.

Ich bin völlig verunsichert nach Hause gegangen. Abends saß ich auf dem Fußboden vor der Couch, mein Mann auf selbiger. Plötzlich sagte er: „Moment mal, was ist denn das?“ Und fing eine Kopflaus, die seelenruhig über meinen Scheitel spazierte.

Wie gesagt, ein harmloses Beispiel, denn Kopfläuse sind zwar furchtbar lästig, aber nicht lebensgefährlich. Dennoch illustriert es ganz gut, was ich oben zusammengefasst habe.

Kleiner Nachtrag: Der Cholesterinspiegel in dem eingangs beschriebenen Beispiel war übrigens „geerbt“ (denk an die Klebestellen) und hat sich inzwischen ohne Statine normalisiert. Auch das eine persönliche Erfahrung von mir. Und ich bin im Nachhinein noch froh, dass ich keine Statine, sondern Vitalstoffe genommen habe.

Zum Abschluss noch ein Fundstück aus dem Internet (anonym):

Wenn du dünn bist, hast du Essstörungen.
Wenn du fett bist, musst du abnehmen.
Wenn du Gras rauchst, hast du ein Drogenproblem.
Wenn du trinkst, bist du Alkoholiker.
Wenn du dich schick machst, bist du eingebildet.
Wenn du dich leger angezogen hast, lässt du dich gehen.
Wenn du deine Meinung sagst, bist du unhöflich.
Wenn du nichts sagst, bist du desinteressiert.
Wenn du gesellig bist, bist du ein Partytier.
Wenn du für dich bleibst, bist du seltsam.
Du kannst nichts tun, ohne kritisiert zu werden.
Wir leben in einer Gesellschaft, in der Menschen nicht überleben können, wenn sie nicht über die nächste Person urteilen.
Liebe mich oder hasse mich, aber du wirst mich nie ändern.
Glaube nicht alles, was du hörst, lerne Leute kennen, bevor du urteilst.
Lasst uns gegenseitig aufbauen.
Wir tun alle das Beste, was wir können, im selben Spiel namens Leben.

Dem habe ich nichts hinzuzufügen. Nur nochmal so viel: Als Frau sind wir es gewohnt, vieles an uns negativ wahrzunehmen. Meine Vermutung ist, dass das genau von der oben beschriebenen Schieflage der medizinischen Forschung gefördert wird. Wobei diese ja nur abbildet, was ich als eine der Bullshit-Regeln unserer Gesellschaft bezeichne. Als Frau bist du per Definition nicht „normal". Kommt dir das zu drastisch, zu streng, zu negativ vor? Ich habe leider den Eindruck, dass der weibliche Körper heute zunehmend in seine Einzelteile zerlegt wird. Und jedes Teil wird für schlecht befunden. Denn es lässt sich mit diesem Mittel, mit jener Übung

„schöner, straffer, fitter" machen. Damit lässt sich viel Geld verdienen. Und wer bitte schön hat ein Interesse daran?

Die Erkenntnisse aus diesem Kapitel:

1. Männern und Frauen wird Unterschiedliches geraten bei denselben Symptomen.
2. Ein gutes Gefühl für das, was dein Körper braucht, hält dich gesund.

Bist du sichtbar oder unsichtbar?

Die leidige Frage: Bin ich noch attraktiv?

Ja, ja, diese Frage ist unangenehm, und doch kommt sie vermutlich auch bei dir irgendwann verstärkt in deine Gedanken. Wie sehe ich aus? Wie werde ich wahrgenommen?

Oft ein guter Anlass, sich selbst runterzuziehen. Frauen neigen ja gerne (?) dazu und nehmen jede negative Andeutung mit großen Ohren auf. Um sie dann innerlich um und um zu wälzen. Ich erinnere mich gut, dass ich mich über jede Bemerkung wie „Du siehst ja noch gut aus" tierisch gefreut habe. Bis ich eines Tages eine wichtige Erkenntnis hatte. Ich gebe sie hier im Wortlaut wieder: „Wie bitte? Merkt denn niemand, wie viel Abschätzung in diesem Wörtchen ‚noch' steckt? Entweder du siehst gut aus oder

du siehst nicht gut aus (weil du gerade Schnupfen hast, oder was weiß ich). ‚Noch' heißt, dass du an Maßstäben gemessen wirst, die dir gar nicht entsprechen." Ein Befreiungsschlag. Natürlich ist es dir überlassen, wie du darüber denken willst. Aber bestimmt lohnt es sich, mal kurz innezuhalten und zu überlegen, wovon du dich abhängig machen willst.

Noch ein Beispiel: Kennst du diesen Satz? „Niemand guckt mich mehr an, nicht mal die Bauarbeiter pfeifen mehr hinter mir her." Die Bauarbeiter??? Im Ernst??? Also lass mich Folgendes sagen: Die Zeiten ändern sich. Bauarbeiter haben heute gar keine Zeit mehr, um Frauen hinterher zu pfeifen, kommen meist aus dem Ausland und sollte sich doch mal einer trauen … deine Empörung und die der anderen Frauen wären ihm gewiss.

„Niemand pfeift mehr hinter mir her – schnief."

Das ist das eine. Das andere und viel Wichtigere ist dies: Auch früher haben dir Männer aus den falschen Gründen hinterher gepfiffen, dich angeschaut, sind dir evtl. hinterher gelaufen. Die falschen Gründe, fragst du? Genau. Weil deine Kurven ihnen gefallen haben, dein Gang, dein koketter Blick, dein hübsches Gesicht. Aber ehrlich, bist du das? Kurven, Gang, koketter Blick, hübsches Gesicht? Du bist doch viel mehr. Du hast Charakter, Charme, Ausstrahlung, Humor. Die gute Nachricht ist: ***Das hast du heute noch.*** Sogar mehr als früher. Diese Seite wurde schon immer erst bemerkbar im direkten Kontakt, im Gespräch. Also kein Grund, sich zu grämen.

Die Schauspielerin Vera Tschechova meinte mit Augenzwinkern: „Frauen im mittleren Alter sollten nicht traurig sein – auch in der Geschichte kommt nach dem Mittelalter die Neuzeit."

Dann gibt es noch einen dritten Punkt. Willst du wirklich von den Blicken, der Anerkennung anderer abhängig bleiben? Glaub mir, es lebt sich leichter ohne. Und je unabhängiger du wirst, desto mehr Anerkennung bekommst du. Ein Wunder!

Was mich in diesem Zusammenhang aber besonders stört, sind so einige weibliche „Komikerinnen". Gestern traf ich zufällig eine von ihnen auf Instagram. Ihr Einstieg war: „Ab 50 hat der Körper seine eigene Meinung." Mit diesem Satz bin ich ja noch einverstanden. Aber dann ging es ausführlich um die Wirkungen der Schwerkraft auf den weiblichen Körper. Alles in einem Ton radikaler Selbstentwertung. Und das überwiegend weibliche Publikum? Lachte.

Merken die Damen denn nicht, wie sie sich und andere Frauen klein machen? Herabsetzen? Sich an einem makabren Tanz beteiligen. Du fragst Tanz? Ja, weil dieses Verhalten ein Teil der unausgesprochenen Bullshit-Regeln ist, die unser Leben bestimmen. Und diese Regeln kommen verkleidet daher. Als Witz, als Tanz, als scheinbare Lebensweisheit, um zu verbergen welche Abwertung dahinter steckt. Und wie du an der Reaktion des Publikums sehen kannst, finden die meisten Menschen das normal.

Kehren wir zurück zu dem, was dich ganz persönlich in der Lebensmitte beschäftigt. Wir alle haben unterschiedliche Strategien, um den Veränderungsprozess zu bewältigen. Mag sein, dass du den Kopf in den Sand steckst. Weil – du bist ja noch viiiiel zu jung, um an sowas wie Älterwerden zu denken. Du tust lieber so, als hätte das nichts, aber auch gar nichts mit dir zu tun. Als würdest du ewig knackige 40, 50 … bleiben. Und das zeigst du in deiner Kleidung, in deinem Verhalten, in deiner Aufmachung. Das ist völlig in Ordnung, wenn du dich wirklich wohl damit fühlst. Hilft aber nicht gegen die Gedanken im Hinterkopf. Denn natürlich ist auch dir klar, dass unser aller Leben endlich ist. Dass du dich Themen stellen solltest, die dir ein gelungenes Älterwerden bescheren.

Vielleicht hast du aber auch die gegenteilige Strategie, d. h. du hast fast schon aufgegeben. Der Beschluss, dass jetzt eh alles nichts mehr nützt, liegt schon eine Weile zurück. Auch das ist sichtbar. Du willst auf keinen Fall mehr auffallen. Hallo? Die Zeit, die noch vor dir liegen kann, ist viel zu kostbar. Da macht es doch mehr Sinn, sie bestmöglich zu gestalten.

Wer in Jogginghosen rumläuft,
hat schon verloren.

Dass Kleidung zeigt, für wen wir uns halten, hat Karl Lagerfeld einmal knapp auf den Punkt gebracht: „Wer in Jogginghosen rumläuft, hat schon verloren." Nun können Jogginghosen heute auch Teil der Mode sein, wenn sie gut sitzen, zum gesamten Outfit passen. Auf keinen Fall dürfen sie schlapp an dir runterhängen. Dann würde die Aussage hundert Prozent zutreffen.

Der englische Spruch „Dress for success" lässt sich ohne weiteres auf das Älterwerden übertragen. Kleidest du dich für ein energiegeladenes und erfülltes Leben? Oder kleidest du dich so, dass die Komfortzone sich immer weiter ausdehnt? Nichts gegen eine angemessene Komfortzone. Die brauchen wir schon zur Erholung. Aber glücklich wirst du nur, wenn du dich immer wieder forderst, mit neuen Erfahrungen und neuen Gedanken. Das war das Fazit aus dem Kapitel über die Hirnforschung.

„Das ist nicht hübsch,
das ist nur sauber."

Und sag jetzt nicht, Kleidung sei doch nicht so wichtig. Das erinnert mich fatal an meine Mutter, der als Kind beigebracht wurde, dass das alles unwichtig sei. Wann immer jemand zu ihr sagte: „Na, du hast aber ein hübsches Kleidchen an“, musste sie plappern: „Das ist nicht hübsch, das ist nur sauber.“ Du kannst dir vorstellen, was das für das Selbstbewusstsein eines Kindes bedeutet hat. Hübsche Kleidung ist mehr als „sauber“. Sie ist Ausdruck deiner Persönlichkeit, manchmal auch deiner Stimmung.

Du kennst das doch. Fühlst du dich wohl in deiner Kleidung, gehst du selbstbewusst durch die Welt. Du strahlst ganz anders. Nicht umsonst gibt es Farbberatung, die das Wesen einer Person unterstreicht. Dann spürt dein Gegenüber gleich, mit wem es da zu tun hat. Das vereinfacht schon mal die eine oder andere gesellschaftliche Situation. Die Farbe und das Muster, was immer du trägst, bestimmt, wie du wahrgenommen wirst – ob du willst oder nicht.

In diesem Kapitel geht es ja um das leidige Thema Attraktivität. Leidig warum? Weil wir so daran gewöhnt sind, nur junge Menschen als attraktiv wahrzunehmen. Und dabei dann ausschließlich auf die äußeren Attribute achten. Glatte Haut, schöne Haare, gute Figur. Wie willst du damit jenseits der 50 konkurrieren?

Gar nicht, sage ich. Lass all diese Gedanken hinter dir und überlege dir, was auch junge Leute wirklich attraktiv macht: Energie, Lebendigkeit, kurz Ausstrahlung. Ich weiß, ich weiß, der Kalenderspruch „Wahre Schönheit kommt von innen“ wirkt oft etwas aufgesetzt. Da gefällt mir der Satz „Wahre Schönheit erkennt man daran, dass sie bei näherer Betrachtung zunimmt“ schon besser.

Na, da kannst du doch allemal mithalten. Im Gespräch, im Augenkontakt, im Umgang scheint alles durch, was attraktiv macht. Charme, Geist, Energie. Siehe oben. Der Spruch ist übrigens ein paar hundert Jahre alt. Geprägt hat ihn ein Folke Greville. Der Herr wurde mir bisher nicht vorgestellt, ist ja auch schon lange tot. Aber daran siehst du, dass manche Wahrheiten ewig gelten.

Hier wollte ich eigentlich das Kapitel beenden, aber mir ist doch noch etwas Wichtiges eingefallen. Attraktivität verändert sich. Wenn wir bei jungen Menschen davon reden, dann meinen wir überwiegend Attraktivität für das andere Geschlecht. Im Laufe des Lebens ändert sich das hin zu: insgesamt anziehend für andere Menschen. Das schließt sexuelle Attraktivität nicht aus, umfasst aber viel mehr. Und ganz im Vertrauen, ich war sehr erleichtert, als die „Fleischbeschau" irgendwann ein Ende hatte.

Wahre Schönheit erkennst du daran,
dass sie bei näherer Betrachtung zunimmt.

Denn heute kann ich jung und alt, Männer, Frauen, Kinder ansprechen. Hier ein bisschen Smalltalk, da ein nettes Kompliment. Und niemand schaut mich mehr schief an, vermutet Anmache nach dem Motto „Was will die denn von mir?" Das Leben ist so viel leichter, wenn du einfach ausdrücken darfst, was dich gerade bewegt.

Und noch ein Nachsatz. Wenn das allen Ernstes so wäre, dass die Attraktivität endet, dann frage dich doch mal, warum auch mit über 60, 70, ja sogar 90 noch Ehen geschlossen werden. In jungen Jahren reicht es manchmal schon, dass dein Gegenüber vom anderen Geschlecht ist. Und schon erscheint die Person als mehr oder weniger attraktiv. Je älter du wirst, desto genauer spürst du, wer wirklich zu dir passt. Dieses relative Gefälle verführt dazu, zu glauben, dass es vorbei ist mit der Attraktivität. In Wahrheit ist dein Sensor genauer geworden. Allerdings nicht immer deine Selbstliebe. Und das ist das viel größere Hindernis.

Überleg mal. Wer definiert denn, ob du attraktiv bist oder nicht? Der Blick von außen. Andere bestätigen dir das oder eben nicht (mehr). Aber das würde dann doch heißen, dass du den Blick von außen, das heißt den scheinbar objektiven Blick, für dich übernommen hast. Und wäre es jetzt nicht wirklich an der Zeit für deinen subjektiven Blick auf dich? In aller Liebe?

Ha, da fällt mir noch was ein. Irgendwann gab es mal ein Interview mit Ben Becker, der auf ein Fest bei einer alten Dame eingeladen war. Einer österreichischen Prinzessin, soweit ich mich erinnere. Da bin ich vage. Genau aber erinnere ich mich an einen Satz von ihm: „Man kann so wunderbar mit ihr flirten."

Die Erkenntnisse aus diesem Kapitel:

1. Charakter, Humor, Ausstrahlung werden immer wichtiger.

2. Dress for success – auch und gerade beim Älterwerden.

3. Es ist doch gut, wenn die Fleischbeschau ein Ende hat.

Wechsel auf allen Ebenen

Was Hitze so alles verbrennen kann

Beim Wort Lebensmitte denken die meisten zuerst an Krise, Unsicherheit, die Beschwerden der Wechseljahre. Schon merkwürdig – oder? Als gäbe es nicht genug andere Themen, die in dieser Zeit wichtig werden. Bevor wir uns also dem Hauptthema zuwenden, zunächst ein paar andere Bereiche:

Ende, Wechsel, Neuanfang – es hört ja so viel mehr auf als die Zeit der Fruchtbarkeit. Deine Kinder – so vorhanden – gehen ihre eigenen Wege. Das heißt, das Nest, für das du lange Zeit gesorgt hast, wird leer. Das bringt neue Herausforderungen für dein Leben, deine Ehe oder Partnerschaft. Viele freuen sich ja und glauben, dass sie dann endlich alles tun können, was vorher nicht möglich war. Wollen auf Reisen gehen, die Welt sehen, endlich ein Hobby finden.

Meist ist es aber so, dass die Vorstellung schöner ist als das, was dann wirklich kommt. Ganz ehrlich, die vielen Reiserentner in meinem Bekanntenkreis waren keinen Deut glücklicher als vorher. Eher etwas gehetzt. Warum? Weil es eigentlich darum geht, den inneren Kompass neu auszurichten und weniger im Außen dem Kompass zu folgen. Wenn du das versäumst, hast du nicht viel von deinen Reisen, deinen Hobbies.

Auch deine Berufstätigkeit wird nicht mehr sehr lange so weiter gehen wie bisher. Wenn du unzufrieden bist, fällt es jetzt schwerer, eine andere interessante Stelle zu finden. Wenn du zufrieden bist, wirst du dennoch merken, dass der Weg nach oben nicht mehr so ganz frei aussieht. Die gläserne Decke wird vielleicht unangenehm spürbar. Wohin also mit all der freiwerdenden Energie? Das sind die Themen, die dich von jetzt an begleiten. Und du tust gut daran, dich wirklich damit zu beschäftigen. Damit das, was kommt, deine persönliche Erfolgsstory wird.

Mich hat es heftig getroffen, als die Rente näher rückte. Wer bin ich, wenn ich nicht mehr Dozentin bin? Was tun? Was kann ich sagen, wenn mich jemand fragt? Was sagst du, wenn du bisher mit Kosmetikerin, Arzt, Architektin oder Filialleiter auf Fragen geantwortet hast? Denn das ist die einzige Frage, die wir im Leben beantworten müssen: „Wer bin ich?“ Dass dir die einfachen Antworten genommen werden, ist eine der größten Chancen, um endlich ans Eingemachte zu gehen.

Es ist kein Zufall, dass viele
in der Lebensmitte kreativ werden.

Wie gesagt, ich war ziemlich verwirrt am Ende meiner Berufstätigkeit. So richtig wollte ich nicht sagen müssen „Ich bin Rentnerin“. Glücklicherweise hatte ich schon viele Jahre ein Atelier, in dem ich intensiv gearbeitet habe: Collagen, Malerei, Zeichnung. Meine Antwort fiel mir also geradezu in den Schoß: „Ich habe ein Atelier.“ Da war und bin ich nicht die Einzige. Es ist kein Zufall, dass viele Menschen ab der Lebensmitte kreativ werden. Das tut gut und hilft, die eine oder andere Frage zu lösen. Und wenn du Glück hast, bekommst du auch eine Menge Anerkennung dafür. In Form von Lob oder – wenn du noch größeres Glück hast – auch in Form von Ausstellungen und Verkäufen. Aber das ist dann schon die Meisterklasse und setzt einen langen Atem voraus.

Wenn du so eine Lösung für den Übergang für dich findest – wunderbar. Du musst hier nichts über das Knie brechen. Außerdem ist es immer gut, etwas zu tun, das dir Freude macht. Das gibt Stabilität und befriedigt, weil du etwas weitergibst. Deshalb ist für viele auch ein Ehrenamt eine tolle Möglichkeit, um die eigenen Fähigkeiten weiterzugeben. Wozu hast du schließlich so viel gelernt? Um es jetzt schmoren zu lassen? Nein, natürlich um es weiterzugeben.

Leider löst das nicht das zugrunde liegende Thema. Denn der Punkt bei diesem Schritt ist: Du bist nur von einer Berufsbezeichnung zur anderen gewechselt. Die zentrale Frage ist damit nicht beantwortet. Zugegeben, das ist die schwerste Frage überhaupt. Deshalb haben wir auch ein Leben lang Zeit, sie zu beantworten: ***Wer bist du?***

Und das betrifft Frauen und Männer. Ich kenne so den einen oder anderen, der sich ganz sicher vornimmt, jetzt aber mal den Keller gründlich aufzuräumen. Oder aber den Garten auf Vordermann zu trimmen, alle Versicherungspolicen zu überprüfen, endlich ein Programm einzurichten, um die Steuererklärung selbst zu machen. Und dann? Gleich ganz in den Süden ziehen? Könnte aber sein, dass der Rucksack, den du mitschleppst, im Süden auch nicht leichter wird. Hier gilt dasselbe wie beim Thema Reisen. Es ist keine Garantie dafür, dass du die nächsten Jahre gut erlebst.

> Dein Rucksack wird im Süden
> auch nicht leichter.

In der Toskana zum Beispiel sind mir eine Reihe unzufriedener Auslandsdeutscher begegnet. Sie hatten ihr Geld in eine – zugegeben romantische – Hütte investiert. Dabei aber übersehen, dass es nicht so einfach ist, in einem fremden Land mit fremder Sprache neue Kontakte zu knüpfen, einen neuen Freundeskreis aufzubauen. Zumal in südlichen Ländern die Familie immer Vorrang hat. Allemal vor irgendwelchen zugereisten Ausländern. Da gab es so einige, die sich gründlich mit Alkohol getröstet haben.

Aber zurück zur Frage ***Wer bist du?*** Blättern wir beim Friseur durch die einschlägigen Veröffentlichungen, begegnen uns viele Prominente, die zum Älterwerden befragt werden. Und ihre Meinungen dazu von sich geben. Iris Berben zum Beispiel, deutsche Vorzeige-Großmutter, meint in einem Interview: „Ich kann nicht viel Schönes am Älterwerden finden. Ich bewundere Menschen, die voller Inbrunst sagen: Was für eine schöne Zeit. Du brauchst Mut und Kraft dafür. Du weißt, es geht dem Ende entgegen. Ich lebe viel zu gerne, als dass ich diesen Aspekt so locker hinnehmen könnte." Natürlich braucht es Mut und Kraft. Aber das brauchst du dein Leben lang. Das ist ja nix Neues. Und zu Iris Berben kann ich nur sagen, schade, dass sie weder den Mut noch die Kraft hat. Denn wenn sie sich nicht mit dem Thema beschäftigt, dann kann das Alter auch nicht schön werden. Sich mit dem eigenen Älterwerden zu beschäftigen und die richtigen Weichen zu stellen, das erhöht die Lebensqualität.

Die Lebensmitte ist das Tal der Tränen.

Oder Maurice Chevalier, französischer Chansonnier, von dem das Bonmot stammen soll: „Altwerden ist gar nicht so schlecht – wenn man die Alternative bedenkt." Tja, was soll ich sagen. Für mich spricht aus solchen Aussagen die Angst vor dem Ende. Und zeigt, dass die Person versäumt hat, sich umzudrehen. Nach innen zu schauen, anstatt ausschließlich nach außen. Denn das ist der einzige Weg, um die Frage ***Wer bist du?*** zu beantworten. Hat gleichzeitig einen wunderbaren Nebeneffekt. Wenn du gut im Kontakt mit dir selbst bist und Vertrauen in das Leben gewinnst, verlierst du auch die Angst vor dem Tschüss sagen.

Die Konfrontation mit solchen Ängsten macht insbesondere die fünfte Dekade so kompliziert und so anstrengend. Nach einer Veröffentlichung in der Zeit 2020/2023 ist das genau die, von der die meisten Menschen sich am weitesten distanzieren möchten.

„Die Kurve der Lebenszufriedenheit, haben Neurobiologen herausgefunden, befindet sich in der Mitte des Lebens im Tal der Tränen." Bei vielen geht das aber nicht etwa so weiter, sondern steigt dann wieder an. „Viele werden also zufriedener, je älter sie werden, trotz zunehmender körperlicher Beschwerden."

Das ist eine interessante Erkenntnis, macht es aber nicht gerade einfacher für die, die gerade mittendrin stecken. Ich hätte mir in dem Alter dringend eine Person gewünscht, die mir nicht nur sagt, sondern auch zeigt, wie es gut weitergehen kann. Das hätte mir manchen Umweg und manchen Irrweg erspart. Kein Wunder, dass es heute meine Mission ist, die Abkürzung zu bieten.

Noch eine Bemerkung zu dem Halbsatz „... trotz zunehmender körperlicher Beschwerden". Da haben wir es wieder. Ganz selbstverständlich geht man davon aus, dass diese auftauchen. Und damit fokussieren sich wieder ein paar Leute mehr darauf, dass jetzt die Zipperlein kommen. Wir wissen ja, Gedanken sind Energie und Energie folgt der Aufmerksamkeit. Richtest du deine Gedanken auf die Wehwehchen, treten sie mit Sicherheit ein. Ein Grund mehr, Chef im eigenen Kopf zu werden.

Vermutlich wirst du noch eine Reihe anderer Veränderungen bemerken. Vielleicht fällt es dir plötzlich leichter, mit wildfremden Leuten kurze nette Gespräche zu führen. Bis dahin warst du ja sehr zielgerichtet unterwegs – keine Zeit und keinen Kopf für unnützes Geplänkel. Mir ging es zumindest so. Vorher hatte ich einen Haufen gepflegter Vorurteile über andere Menschen. Wie uninteressant die sind, oder aber der Klassiker: Keiner interessiert sich für mich.

Irgendwann merkte ich, dass es eindeutig an mir lag. Ich lief mit Scheuklappen durch die Gegend und habe folglich überhaupt nicht bemerkt, wenn ich eine nette, offene Person getroffen habe. Vielleicht geht es dir aber auch genau umgekehrt. Plötzlich bewegt dich nur noch, was mit dir los ist. Spätestens dann, wenn du die ersten paar Male nachts schweißgebadet aufgewacht bist (als Frau) oder nachts mit dem Kopf voller Sorgen aufwachst (als Mann).

Machen wir uns nichts vor. Natürlich sind Hitzewallungen lästig. Und können dir peinlich sein. Und überhaupt. Du kannst als Frau ohne weiteres diese Jahre damit verbringen, über die Ungerechtigkeit der Natur zu schimpfen. Dass du so geplagt bist und der Mann an deiner Seite anscheinend gar nichts von diesem Wechsel merkt.

Du kannst dich mit Büchern zum Thema vollstopfen und bist anschließend nur unwesentlich schlauer. Eher so, dass die meisten davon dich runterziehen werden. Das letzte Werk dieser Art, das mir in die Hände gekommen ist, breitet sich über 500 (!!!) Seiten genau darüber aus. Wie schlimm alles ist, was dir alles passieren kann, was noch alles Schreckliches auf dich zukommen kann. Und erst auf den letzten 10 (in Worten ***zehn***) Seiten gibt es einen einigermaßen versöhnlichen Ausblick.

500 Seiten darüber, was alles passieren kann,
10 Seiten darüber, was gut laufen könnte.

Da stimmt doch was nicht. Ich empfehle dir, es eher mit der Schauspielerin Emma Thompson zu halten, die in einem Interview ironisch sagte: „Ich werde meine Energie, meine Zeit, mein Geld, investieren, um mir über meinen Körper Sorgen zu machen? Was für eine grandiose Idee (!!!)"

Auch wenn es manchmal schwerfällt: Wir wissen ja, dass die Energie der Aufmerksamkeit folgt. Je mehr du dich also mit den Symptomen beschäftigst, desto mehr treten sie in den Vordergrund. Genau das ist mir auch passiert. Zur Zeit der Hitze habe ich an einer pädagogischen Akademie gearbeitet. Was soll ich sagen – am liebsten wäre ich im Boden versunken, wenn so eine Wallung anrückte. Zumal lauter junge Leute vor mir saßen. Und in meinem Kopf haben sich alle über mich lustig gemacht, wenn ich mit hochrotem Gesicht auftauchte.

Es hat eine Weile gedauert, bis ich Folgendes gemerkt habe: 1. Mein Kopf ist nur in meinem Kopf so rot, dass er einer Ampel gleicht. 2. Die anderen interessieren sich weit mehr für sich selbst als für meine Befindlichkeit. 3. Wenn ich mich entspanne, wird mir weniger heiß. Die letzte Erkenntnis hat dafür gesorgt, dass ich mir einen wunderschönen Fächer besorgt habe. Der trat immer dann in Aktion, wenn ich meinen persönlichen Sommer erlebte. Jetzt konnten mich alle mal. Und – oh Wunder – irgendwann habe ich erstaunt festgestellt, dass das alles vorbei ist. Hatte ich gar nicht mehr so richtig bemerkt.

Wenn ich mich entspanne, wird mir weniger heiß.

Ich will dir jetzt nicht einreden, dass du deine Symptome einfach nur ignorieren musst, dann wird das schon. Nein, lass dir helfen. Es gibt wirksame natürliche und weniger natürliche Mittel, die dir guttun können. Das musst du ausprobieren, denn nicht alles hilft bei jeder. Aber lass dir auch nicht einreden, dass alles nur schrecklich ist. Denn du hast in dieser Zeit genug anderes zu tun. Außerdem gibt es ein paar kleine hilfreiche Tricks.

Wenn du zu viel kaltes Wasser trinkst, regt das die Hitze eher an. Stattdessen Tonic-Water oder Wasser mit Gurken und Zitronenscheiben.

Den Fächer habe ich ja schon erwähnt. Es gibt heutzutage diskretere Formen des Fächelns, den kleinen Mini-Ventilator. Passt in jede Handtasche und kann auch auf dem Schreibtisch aufgestellt werden.

Tiefes Einatmen und langsames Ausatmen. Zum Beispiel beim Spazierengehen vier Schritte lang einatmen, vier Schritte Luft anhalten und acht Schritte lang ausatmen.

Überhaupt nicht hilfreich sind übrigens Klimaanlagen. Der Wechsel von heißer Luft zu kalter Luft verschlimmert die Symptome eher.

Dein Essen nicht zu sehr würzen. Und wenn, dann eher mit frischen Kräutern anstatt mit Pfeffer, Salz oder Chili.

Warum aber trifft es Frauen so viel härter als Männer? Dieser Frage möchte ich mit dir noch kurz nachgehen, damit du verstehst, wie wichtig es ist, dass du gerade jetzt positiv an die ganze Sache ran gehst. Denn ob es uns gefällt oder nicht, wir stecken auch in der Geschichte fest. Die reicht ziemlich weit zurück und ist in der Regel eine Geschichte des Schweigens. Ganz früher wurden Frauen in der Regel gar nicht alt genug, um den Wechsel überhaupt zu erleben.

Und später, bis vor etwa 300 Jahren, wurde der Wechsel als ein natürliches Phänomen angesehen. Dann kam jemand darauf, das „Ende der Menstruation als den Beginn der Krankheiten" zu bezeichnen. Und je mehr sich die empirische Wissenschaft damit beschäftigte (falls sie es überhaupt tat), desto mehr wurden die Wechseljahre zur Krankheit. Du erinnerst dich: Die Energie folgt der Aufmerksamkeit.

Im 19. Jahrhundert dann wurde die Gebärmutter mit dem Gehirn verbunden und so erklärten sich die vielen psychischen Leiden, die Frauen befielen. Außer ein paar Suffragetten fiel niemandem ein, dass die Beschwerden eine Folge der Lebenssituation sein könnte. Frauen hatten wenig Möglichkeiten, sich auszudrücken, dazu kamen die einengenden und unpraktischen Kleider. Das gipfelte in einer Definition der Wechseljahre als klimakterischer Wahn.

Freud erkannte die sogenannte Hysterie immerhin als psychische Erkrankung, was aber nichts änderte. Erst gegen Ende des letzten Jahrhunderts wurde deutlich, dass all diese Symptome auf die Hormone zurückgeführt werden können. Aber auch heute noch werden Frauen sehr schnell in die Ecke Hysterie etc. abgeschoben (hatten wir ja schon im vorigen Kapitel). Und jede Frau kennt den leicht hämisch geäußerten Satz, wenn sie mal nicht so gut drauf ist: „Na, haste deine Tage?" Und schon bist du nicht mehr ernst zu nehmen.

Diese Geschichte des Abwertens und Schweigens sitzt uns noch in den Knochen, ob wir wollen oder nicht. Das heißt, sie treibt weiter ihr Unwesen und sorgt dafür, dass viele von uns diese Phase voller Ängste, Minderwertigkeitsgefühle und Zweifel durchleben. Leider ist es bis heute so, dass die Medizin – wie schon erwähnt – erst ganz allmählich erkennt, dass sie überwiegend männerorientiert forscht und behandelt. Erst in letzter Zeit wird eine weibliche Sicht auf Medikamente und Behandlungsweisen gefordert und ansatzweise erforscht.

Diese dunkle Geschichte
sitzt uns in den Knochen.

Deshalb ist dieser Lebensabschnitt überwiegend einer, der Frauen viel Kraft kostet, während Männer scheinbar unberührt durch ihren Wechsel gehen. Aber auch sie bleiben nicht ganz verschont. Wenn Frauen in dieser Zeit zu viel Feuer erleben, dann ist es bei den Männern eher so, dass immer mal wieder und immer öfter das Feuer fehlen kann.

Da ich kein Mann bin, will ich hier auch nicht weiter darauf eingehen. Ich verweise nur auf das Büchlein von Barry Long „Sexuelle Liebe auf göttliche Weise“. Was darin beschrieben wird, sollte jedes Problem im Bett, das auftreten mag, auf wunderbare Art lösen. Wenn beide sich auf den Inhalt einlassen. Der räumt im Wesentlichen mit der Vorstellung auf, dass guter Sex vor allem gute Akrobatik ist.

Stattdessen geht es um Kontakt, sich aufeinander einlassen, alle Vorstellungen von dem, wie was zu sein hat, loszulassen. Für viele nicht einfach, aber es eröffnet eine ganz neue Perspektive auf das Geschehen zwischen Mann und Frau. Und nimmt viele Ängste vor Sexualität im Alter.

Kann ja sein, dass ich dir mit diesem Kapitel ordentlich auf die Füße getreten bin. Das tut mir aber nicht leid, denn Klartext ist hier das Einzige, was hilft. Schauen wir uns das nächste Thema an.

Die Erkenntnisse aus diesem Kapitel:

1. Ortswechsel machen nicht unbedingt glücklicher, denn deinen Rucksack schleppst du überall mit.
2. Die Lebensmitte ist die Zeit der Krisen, aus denen du wie Phönix aus der Asche steigen kannst.

Auch Muskeln mögen Abwechslung

Stur immer dasselbe Sportprogramm?

Dass Bewegung gesund ist, hat sich ja inzwischen herumgesprochen. Heute morgen im Park sind vielfältige Beweise unterwegs. Die jungen bis mitteljungen dynamischen Jogger überholen leichtfüßig die anderen. Tja, die anderen? Das sind überwiegend Menschen wie du und ich. Ab fünfzig, wenig sportlich, aber fest entschlossen, jetzt noch mal was zu tun. Also Jogging-Schuhe rausholen und durch den Park, ja was? Wenn ich ehrlich bin: plumpsen. Allein vom Zuschauen tun mir die Knochen weh. Denn mit jedem Schritt fällt das ganze Gewicht auf den Boden und damit auf all die vielen Gelenke in Fuß, Bein und Rücken. Ich kann mir einfach nicht vorstellen, dass das gesund ist.

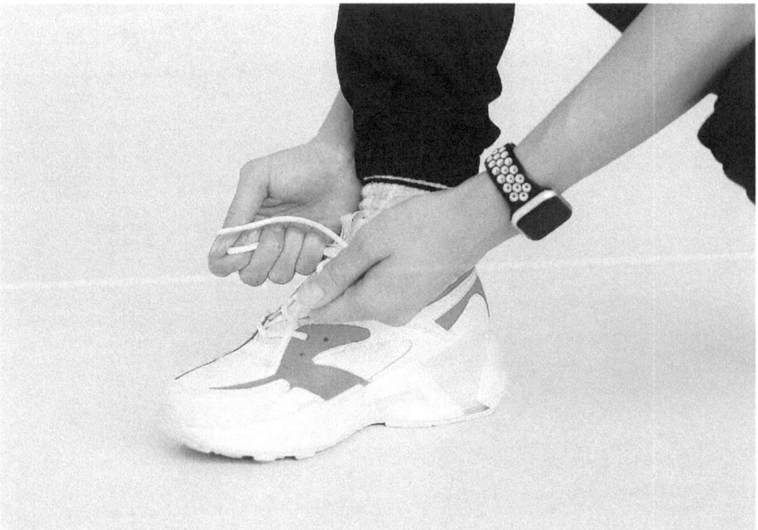

Damit sind wir schon beim Thema. Wir wissen alle, dass selbst bei sehr sportlichen Menschen die Leistungsfähigkeit ab der Lebensmitte deutlich nachlässt. Wenn du also wenig Erfahrung mit Bewegung hast, dann nimm dir die Zeit und suche eine Sportart, die zu dir passt. Oder bereite dich aufs Joggen und andere herausfordernde Formen richtig vor. Das heißt, erstmal Muskelaufbau, bevor du losrennst. Es gibt inzwischen genügend Fitness-Studios und Personal Trainer, die genau dafür ausgebildet sind. Was auch immer wieder empfohlen wird ist Krafttraining, um dem allmählichen Abbau der Muskeln vorzubeugen.

Ich bin erklärtermaßen Sportmuffel. Blickte mein Leben lang etwas neidvoll auf die Menschen, die morgens gut gelaunt in Sportklamotten schlüpfen (wahlweise in Yogahose oder Badeanzug). Und die dann diszipliniert ihre Runden drehen. So gestärkt starten sie dann in das Tagesgeschäft. Alle meine Versuche in dieser Richtung endeten mit Müdigkeit für den Rest des Tages. Vor dem Frühstück schwimmen? Tag ist gelaufen. Am Morgen joggen? Erschöpfung bis zum Abend. Selbst ein langer morgendlicher Spaziergang führt unweigerlich zu ausgedehntem Mittagsschlaf.

> Vor dem Frühstück schwimmen?
> Damit ist mein Tag gelaufen.

Für mich ist es also unglaublich, dass es Menschen gibt, die sportlich in den Tag starten. Ich kann einfach nicht jeden Morgen dasselbe tun. Und vor allem keinen Sport. Für mich ist Bewegung Tanzen, Laufen, Fahrradfahren. Und dann einmal die Woche Yoga. Obwohl ich mich ehrlich gesagt oft antreiben muss, um hinzugehen.

Deshalb sieht meine persönliche Lösung für Turnen im Alter so aus, dass ich so tue, als ob ich keinen regelmäßigen Sport mache: Mal Aerobic vor dem Laptop, dann ein paar Tage morgens die Yogamatte vor´s Bett. Sobald ich „vergesse", morgens auf die Matte zu gehen, dann muss wieder was anderes her. (Schon eine Leistung, wenn die Matte direkt vor dem Bett liegt, aber naja.) Es hilft natürlich, dass ich möglichst alle Strecken im Alltag zu Fuß gehe. Meine Lieblingsbewegung ist aber das Tanzen. Soll ja auch sehr gesund sein. Nur gibt es mit zunehmendem Alter weniger Gelegenheit. Zum Glück habe ich in meiner Enkelin eine, die mich immer wieder auffordert: „Oma, tanzen! Joe Cocker!" Von daher kommen mir neuere wissenschaftliche Erkenntnisse sehr entgegen: Auch Muskeln mögen Abwechslung.

Was passiert, wenn ein Gerät nur bis 10.000 zählen kann?

Übrigens möchte ich so ganz nebenbei noch mit einer der vielen Fitness-Regeln aufräumen. Nämlich die, dass du täglich unbedingt 10.000 Schritte tun sollst. Reiner Bullshit. Denn weißt du, wie diese Regel entstanden ist? Es gab eine Firma, die als erste so einen Schrittzähler auf den Markt gebracht hat. Mit einem großen Foto. Und auf dem Foto war die Zahl 10.000 zu lesen. Denn das war genau die Anzahl, die dieses Gerät maximal zählen konnte. Mehr ist nicht dran an der Regel. Nicht du sollst so viel laufen, sondern das Gerät konnte nicht mehr. So entstehen Regeln, die dann niemand mehr hinterfragt.

Halten wir fest. Das Grundprinzip für Sport im Alter sollte Bewegung mit Freude und Leichtigkeit sein. Jetzt sagst du vielleicht: „Wenn es im Knie zwackt oder der Rücken streikt, dann will ich mich gar nicht bewegen." Richtig. Das war bei mir am Anfang auch so. Dann habe ich angefangen zu „schummeln". Mich beim Frühstück machen noch mal extra nach oben gestreckt und nach rechts und links gedehnt. Oder beim Zähneputzen eine halbe

Vorwärtsbeuge gemacht, dabei eine Hand am Waschbecken abgestützt. Die andere brauchte ich schließlich für die Zahnbürste. Immer nur so viel, wie es gerade nicht weh tat.

Warum soll Bewegung gesünder machen? Das fragten sich zwei Wissenschaftlerinnen und veröffentlichten eine sehr interessante Studie dazu auf wissenschaft.de im Januar 2007. Sie wollten rausfinden, ob die Behauptung stimmt. Die Frage war, ob das alles mit einem Placebo-Effekt zu tun hat. Also gar nicht abhängig ist von der tatsächlichen Bewegung? Um das genauer zu wissen, untersuchten die Professorinnen Crum und Langer insgesamt 84 New Yorker Zimmermädchen. Die arbeiteten in sieben verschiedenen Hotels.

Ungefähr der Hälfte der Gruppe erzählten die Wissenschaftlerinnen, dass ihre Tätigkeit als Zimmermädchen absolut positiv auf ihre Gesundheit wirkt. Weil sie damit die Empfehlungen der Gesundheitsbehörden für eine gesunde Lebenshaltung erfüllen oder gar übertreffen. Den restlichen 40 Versuchspersonen enthielten sie diese Informationen vor.

> Dasselbe tun und anders darüber denken –
> schon verändert sich das Ergebnis.

Obwohl sich das Verhalten der Zimmermädchen nicht veränderte, stellten die Forscherinnen nach vier Wochen einen deutlichen Unterschied fest. So glaubten die Zimmermädchen der ersten Gruppe, sie würden sich nun deutlich mehr bewegen als vorher. Dies wirkte sich tatsächlich auf ihre Gesundheit aus: „Ihr Gewicht reduzierte sich im Durchschnitt um fast ein Kilogramm, der Blutdruck senkte sich um zehn Prozent, und auch die Körperfettwerte, das Verhältnis von Bauch- zu Hüftumfang sowie der Körpermaßindex (BMI) waren bei den Frauen gesünder. Bei ihren Arbeitskolleginnen, die nicht über die positiven Effekte ihres Jobs informiert worden waren, waren keine bedeutenden Veränderungen zu sehen."

Auch diese Resultate weisen darauf hin, dass das, was wir denken, enormen Einfluss darauf hat, wie wirkungsvoll unser Sportprogramm ist. Und das finde ich besonders interessant. Weil es deutlich zeigt, dass alle Vorschriften, was du zu tun hast, um fit zu bleiben, nix nützen. Außer du glaubst auch dran. Das sollte mal jemand denen sagen, die sich so verbissen durch den Park kämpfen. Entspannt euch Leute, freut euch lieber an dem, was ihr tut.

Das sind doch gute Nachrichten für alle nicht so ganz Sportlichen unter uns. Und wer noch etwas mehr tun möchte, es gibt ein kleines Büchlein von der Schauspielerin Ursula Karven. Auch schon etwas älter, aber sehr charmant. „Yoga für dich und überall – 60 unglaublich nützliche Übungen für jedermann und jeden Tag." Allein, wenn du ein paar davon in deinen Tag einbaust, hast du schon etwas getan. Außerdem findest du auf meiner Website maraanders.de das 1-Minuten-Fitness-Programm. Kannst du dir kostenlos runterladen. Das sind aufeinander aufbauende isometrische Übungen, mit denen man in einer Minute etwas für den Muskeltonus tun kann. Entwickelt hat sie Lothar Boländer und unter dem Titel „Der 1-Minuten Körper-Check" veröffentlicht. Auch das ist schon etwas älter. Macht aber nix. Sind wir ja auch.

Ist dir übrigens schon mal aufgefallen, wie viele ältere Leute mit immer kleiner werdenden Schritten durch die Gegend schlurfen? Das ist etwas, dem du ganz bewusst entgegensteuern kannst. Wie? Ganz einfach, indem du größere Schritte machst. Das hält dich nicht nur dynamischer, es fordert auch die Hüftgelenke. Und das finde ich besonders wichtig, weil die Zahl der notwendigen (und unnötigen) Hüftoperationen enorm zugenommen hat. Allein in meinem Bekanntenkreis hat fast jede Person mindestens ein neues Hüftgelenk. Bis auf mich. Weil ich seit Jahren eine einzige sportliche Tätigkeit konsequent durchführe. Nämlich morgens flach auf dem Boden liegen und die Beine über dem Boden kreisen lassen. Fünfmal rechtsherum und fünfmal linksherum. Anschließend lege ich die Fußsohlen aneinander und ziehe sie möglichst dicht an den Körper. In der Stellung dann leichtes und (bei Schmerzen) vorsichtiges Wippen des Beckens. Das hat mich schon öfter davor bewahrt, dass gelegentliche Schmerzen in den Hüftgelenken schlimmer wurden.

Die Erkenntnisse aus diesem Kapitel:

1. Auch Hausarbeit ist Sport, wenn ich sie mit der entsprechenden Einstellung mache.
2. Bewegung allein hilft nicht. Du musst auch überzeugt sein, dass sie hilft.

Lebensmittel für die Lebensmitte

So platt wie wahr – du bist was du isst

Auch wenn ich keine Ernährungsexpertin bin, möchte ich doch kurz darauf eingehen, was wir so zu uns nehmen. Weil das Thema so wichtig ist. Genaueres kannst du dann von den gut ausgebildeten Experten erfahren.

Du weißt vermutlich schon, dass der Stoffwechsel sich ab der Lebensmitte verlangsamt. Und dass du deshalb vielleicht einen kleinen oder größeren Rettungsring um deine Leibesmitte aufbaust. Vielleicht hast du auch die eine oder andere Diät ausprobiert, nur um nach einiger Zeit festzustellen, dass der berühmte Jojo-Effekt sich hinterher prompt einstellt.

Viele Menschen und vor allem Frauen führen ihr Leben lang diesen Kampf mit dem eigenen Gewicht. Jahrzehntelang wurde uns eingeredet, dass nur Dünne gesund sind. Jedes zusätzliche Kilo erhöhe die Chance zum Beispiel auf Herzinfarkt. Die Ernährungsberaterin Dr. Antonie Post sagt dagegen: „Man muss nicht schlank sein, um ein gesundes und erfülltes Leben zu leben. Und für viele ist es mit ihrem Körpertyp auch gar nicht möglich … Ein permanentes Streben nach einem schlankeren Körper kann im Gegenteil zu einer schlechteren Gesundheit führen, als einfach in einem schweren Körper weiterzuleben und sich dabei gut um sich selbst zu kümmern." Weise Worte.

Was ich aber besonders interessant finde, sind folgende Sätze über einschlägige Studien: „Ja, statistisch gesehen ist es richtig: Dicke Menschen sind kränker. Es gibt aber einen Haken: Die Studien, die gemacht werden, zeigen nur auf, welche Phänomene zeitgleich auftauchen, aber nicht, ob sie auch kausal zusammenhängen." Denn es ist gar nicht das Fett, das krank macht, sondern zum Beispiel auch der Stress, dem Dicke in unserer Gesellschaft permanent ausgesetzt sind. Das ist doch mal eine Entlastung für alle, die mit ihrem Gewicht hadern. Und zeigt einmal mehr, dass wir uns nichts einreden lassen sollen. Denn im Grunde gibt es kein „normal". Hatten wir ja schon.

Es ist doch so: Alle Menschen, die schon mal mehr gewogen haben als sie „sollen" oder gar weniger, kennen dieses Thema: Mein Körper ist zum Feind geworden, weil er nicht dem Bild entspricht, das ich von mir habe. Das Bild ist von der Gesellschaft geprägt. Zu dick – niemand nimmt dir ab, dass du dich gesund ernährst. Zu dünn – dann denken die anderen: „Ha, die Probleme möchte ich haben."

Egal was, wir alle haben gründlich gelernt, dass unser Körper nicht in Ordnung ist, so wie er nun mal ist. Hast du mal ein Bild von Marilyn Monroe im Bikini gesehen? Eindeutig Cellulitis. Kein Mensch hat das damals irgendwie merkwürdig gefunden. Oder ihr gar Diäten, Cremes oder sonstiges angeboten, damit sie die kleinen Dellen loswird. Preisfrage: Wer hat ein Interesse daran, dass Frauen heute alles tun, um keine Cellulitis zu haben? Um so dünn zu sein wie Heidi Klum? So jugendfrisch in hohem Alter auszusehen wie Jane Fonda? Die Antwort ist dir sicher so klar wie mir.

> *Wir werden nie mehr den Körper haben, den wir mal hatten.*

Gerade jetzt geht es um Aussöhnung. Wir werden nie mehr den Körper haben, den wir mit 20 oder 30 hatten. Aber wir können unserem Körper unendlich dankbar sein. Er hat uns so weit getragen, meist klaglos ausgehalten, was wir ihm alles zugemutet haben. Jetzt ist es Zeit, das eigene Wohlfühlgewicht zu erkunden. Im Zusammenhang damit natürlich auch den Speiseplan, der dir gut tut und dich fit hält. Und klar ist, ab der Lebensmitte möglichst keinen Zucker, wenig Kohlehydrate und wenn Fett, dann nur gute Fette. Und kleinere Portionen, dafür unter Umständen etwas häufiger essen. Aber auch da gibt es unterschiedliche Typen, die unterschiedliche Dinge unterschiedlich gut verdauen. Damit sind wir schon beim nächsten Thema. Aber vorher noch mein persönlicher Tipp.

Ich verrate dir jetzt, worüber es für mich überhaupt keine Diskussionen mehr gibt: Das sind hochwertige Vitalstoffe, also Nahrungsergänzungsmittel. Denn wo willst du den Rest deines Lebens wohnen? Hier ist nicht dein Haus, deine Wohnung gemeint, sondern dein Körper. Wenn du nicht gut für deinen Körper sorgst, wo willst du dann leben?

Ab der Lebensmitte wird der Körper ganz anders zum Thema als in jungen Jahren. Bewegung ist das Eine. Ernährung ist das Andere und ein so weites Feld, dass es – wie gesagt – den Rahmen hier sprengt. Nur so viel: Was heißt heute, sich gesund zu ernähren?

Der beste Weg dazu sind nun mal Nahrungsergänzungsmittel. Denn seien wir ehrlich – was von dem, was uns in Supermärkten angeboten wird, verdient noch den Namen ***Leben***smittel? Vielleicht bist auch du – wie ich – auf die Läden angewiesen. Optimal wäre ausschließlich, wenn du dein Obst und Gemüse ganz frisch aus dem Garten ernten könntest. Aber da der bei den meisten nicht vorhanden ist, greifen wir notgedrungen zu dem aus dem Supermarkt.

Nochmal, weil es so wichtig ist: Leider rückt die eigene Ernährung für viele erst ab 50 in den Blickpunkt. Dann erhält man auch öfter Tipps zu Vitalstoffen. Die Reaktion: Ich ernähre mich doch gut (überwiegend Bio) und überhaupt – alles nur Geldmacherei.

Bis weit in meine 60er Jahre war auch ich der festen Überzeugung, dass nichts so überflüssig ist wie Vitalstoffe. Es ging mir ja ganz gut. Das einschränkende Wörtchen „ganz" hatte ich dabei völlig übersehen. Dann erkrankte mein Mann schwer an Krebs. Wer schon Schwerkranke begleitet hat, weiß, dass die Angehörigen genauso gebeutelt sind wie der Kranke.

In so einer Situation war ich auf einmal bereit, jede Chance zu prüfen, die meinen Mann und mich unterstützen könnte, um wieder Kraft zu haben. Und siehe da, wir haben angefangen, eine gute Versorgung mit Mikronährstoffen zu nehmen und sind regelrecht aufgeblüht. Heute, mit 78 Jahren, geht es mir besser als mit 60. Und mein Mann fährt mit 82 noch fast jeden Tag Mountainbike.

Dass eine Zusatzversorgung mit Spurenelementen, Mineralien und Vitaminen so gut gewirkt hat, liegt an dem Mangel an Nährstoffen in unserer Nahrung. Seit dieser Mangel in den letzten Jahren immer offensichtlicher wird, gibt es eine lebhafte Diskussion über die Zufuhr von Vitalstoffen. Ich kann es ja gleich gestehen: Für mich gibt es keine Alternative mehr.

Innerhalb von wenigen Jahren (ich habe erst mit 70 angefangen) haben sich meine Arthroseschmerzen verabschiedet, der Cholesterinspiegel hat sich normalisiert und vor allem hat sich eine 40 Jahre dauernde Pollenallergie in Luft aufgelöst. Deshalb gibt es für mich an der Stelle keine Diskussionen: Was wirkt, hat Recht.

Vitalstoffe? Braucht doch kein Mensch – oder?

Doch ich verstehe auch die Menschen, die strikt dagegen sind, Vitalstoffe zuzuführen. Es gibt genügend Produkte auf dem Markt, die nicht halten, was sie versprechen, und zudem überteuert sind. Dann tauchen immer wieder Artikel auf, die nahelegen, dass man genau untersuchen lassen soll, welche Vitamine man zuführt. Das ist bei künstlich hergestellten oder isolierten Vitaminen sicher sehr wichtig, bei solchen aus natürlichen Quellen aber in der Regel überflüssig. Oder hat schon mal jemand der Birne oder der Pflaume gesagt, dass sie bitteschön nur das Vitamin C an den Menschen abgeben soll, der sie isst?

Egal, was wir essen, unser Körper tut sein Bestes, um sich das herauszuholen, was er braucht. Deshalb: Vitalstoffe sind nicht gleich Vitalstoffe. Es kommt in erster Linie auf die Qualität an.

Ich habe eben gesagt, dass unser Körper sein Bestes tut. Was aber, wenn einfach nicht das vorhanden ist, was gebraucht wird?

Zahlen zeigen die traurige Realität. Der Verlust an Vitaminen, Mineralien und Spurenelementen in unserem Obst und Gemüse ist enorm. Schuld daran sind vor allem Überdüngung, lange Lagerung von unreif gepflücktem Obst und Gemüse sowie lange Transportwege. Äpfel enthalten heute insgesamt nur noch 20 Prozent Vitamin C von ehemals 100 Prozent, Bananen nur noch 5,45 Prozent Vitamin B6. Das sind nur zwei Beispiele aus der letzten Studie, die es meines Wissens zu diesem Thema gibt. Und die ist auch über schon 20 Jahre alt.

Gute Qualität hat ihren Preis – schlechte übrigens auch.

Dennoch wird immer wieder gesagt, wer fünf bis sieben Portionen Obst und Gemüse am Tag esse, sei ausreichend versorgt. Auf diese Zahl hat die Deutsche Gesellschaft für Ernährung die täglichen Portionen Obst und Gemüse inzwischen erhöht. Aus welchem Grund die Portionen von ursprünglich drei bis fünf auf fünf bis sieben erhöht werden mussten, das fragen sich die wenigsten.

Die Deutsche Gesellschaft für Ernährung ist ja eher konservativ. Wenn also selbst diese die Notwendigkeit für mehr Obst und Gemüse sieht, muss es schon triftige Gründe haben.

Dazu kommt, dass die empfohlenen Richtwerte für Vitamine in Deutschland und Österreich die niedrigsten in ganz Europa sind. Da frage ich mich doch ernsthaft, warum Holländern, Franzosen, Engländern und so ziemlich allen anderen eine höhere Zufuhr an Vitaminen empfohlen wird als uns.

Sind die so grundsätzlich anders ausgestattet als wir? Natürlich nicht. Deshalb liegt auch hier die Überlegung nahe: Wer profitiert davon, dass wir zur Erhaltung der Gesundheit weniger empfohlen bekommen als Menschen in unseren Nachbarländern?

Wir Deutschen brauchen anscheinend weniger Vitamine als unsere direkten Nachbarn – sagt wer?

Wie gesagt, die Deutsche Gesellschaft für Ernährung hält fünf bis sieben Portionen Obst und Gemüse täglich für ausreichend. Erhellend war für mich in diesem Zusammenhang die Aussage des Medizinjournalisten Andreas Jopp, die ich hier sinngemäß wiedergebe: „Natürlich sind die Empfehlungen der Deutschen Gesellschaft für Ernährung ausreichend. Aber: Ausreichend ist in Schulnoten eine ***Vier.***" Mir war sofort klar, ich will keine vier, ich will eine ***Eins A***.

Das heißt aber auch, wenn ich eine 1A-Versorgung will, muss ich Vitalstoffe nehmen. Damit stellt sich die zentrale Frage: Woran erkennt man gute Qualität?

Hier ein paar Qualitätskriterien:

1. Natürliche Trägerstoffe (keine Zellulose),
2. natürliche Vitamine,
3. naturnahe Zusammensetzung (Synergie-Effekt),
4. hohe Bioverfügbarkeit (d. h. der Körper nimmt alles restlos an),
5. und natürlich eine Geld-zurück-Garantie, falls ich merke, dass ich etwas nicht vertrage.

Wenn der Trägerstoff pulverisiertes Obst und Gemüse ist, muss ich keine Fachfrau sein, um zu verstehen, dass das leicht vom Körper aufgenommen werden kann. Wenn die Produkte so naturnah wie nur irgend möglich zusammengesetzt sind, dann – und nur dann – handelt es sich bei den eingenommenen Vitalstoffen um nichts anderes als komprimierte Nahrung. Und selbstverständlich kaufen wir unser Obst und Gemüse in Bio-Qualität. Auch wenn uns klar ist, dass sie in derselben Luft wachsen und mit demselben Wasser gegossen werden. Aber eine gute Aufbereitung des Bodens sorgt nicht nur für bessere Qualität, sondern auch für eine deutliche Minderung der Giftstoffe.

Vielleicht denkst auch du jetzt: „Uff, das wird aber teuer. Das Zeug kostet ja wirklich ne Menge." Stimmt. Klar ist aber auch, dass der Aufwand für „Wartung" zunimmt. Wie beim Auto. Nur dass du dein Auto irgendwann ersetzen kannst. Deinen Körper behältst du durch dick und dünn. Macht es da nicht Sinn, auch etwas in ihn zu investieren, damit er dich weiter durch´s Leben trägt? Denn – wie gesagt – wenn du nicht gut für ihn sorgst – wo willst du dann leben?

Die Erkenntnisse aus diesem Kapitel:

1. Der Aufwand für „Wartung" nimmt zu, weil nicht da ist, was wir brauchen.

2. Auch für schlechte Qualität zahlst du einen hohen Preis.

Hast du noch alle Tassen im Schrank?

Möglichst auch noch Teller und Besteck?

Wie geht es dir damit? Stehst vom Küchentisch auf, um etwas zu holen und schon an der Tür weißt du nicht mehr, was es war, das du eigentlich holen wolltest. Großer Schreck. Meine Güte, jetzt geht es los. Verlust von Gedächtnis, Erinnerung und so weiter. Alarm! Von nun an geht´s bergab.

Mir ist der Schreck in die Glieder gefahren, als mir zum ersten Mal so richtig auffiel, dass das jetzt nicht nur ab und zu passiert, sondern so gut wie jedes Mal. Ich will einen Stift holen, um den Einkaufszettel zu schreiben. Am Schreibtisch weiß ich nicht, was ich dort wollte, krame ziellos etwas rum.

Dann gehe ich zurück in die Küche, da fällt es mir wieder ein. Nochmal los. Ah, diesmal hat die Erinnerung zum Glück gehalten. Triumphierend komme ich mit dem Stift zurück und fange an, den Zettel zu schreiben. Da fällt mir nur noch die Hälfte von dem ein, was ich ursprünglich notieren wollte. Und so weiter und so fort.

Dir wird es vermutlich ähnlich gehen. Eine Zeitlang kannst du noch kompensieren. Zum Beispiel, indem du Stifte an strategisch wichtigen Stellen deponierst. Oder eine Brille in jedem Zimmer liegen hast. Denn auch das ist ein beliebtes Objekt der Vergesslichkeit. Besonders, wenn du sie suchst, und sie sitzt auf deiner Nase. Da kannst du lange suchen.

Besonders erschrocken bin ich, als ich eines Tages vor dem Geldautomaten stand. Meine Geheimnummer war weg! Ich konnte in meinem Hirn rumkramen, wie ich wollte. Ich wusste die Nummer nicht mehr. Noch habe ich mich getröstet, wenn ich zu Hause bin, weiß ich sie wieder. Aber nein. Nix. Das Zettelchen an geheimer Stelle war nicht aufzufinden. Und die Nummer wollte und wollte nicht wieder auftauchen. Ist sie übrigens bis heute nicht.

Und was fällt mir prompt in die Hände? Ein Artikel in einer dieser kostenlosen Zeitschriften.

Mit Erleichterung las ich damals, dass das Vergessen eine wichtige Funktion erfüllt. Das war mir neu und hat mich ein wenig getröstet. Das Gehirn filtert aus der Unmenge an Impulsen, die täglich auf uns einströmen, das raus, was wichtig ist für dich. Alles Unwichtige fliegt raus. Damit dann wieder neues rein kann. So weit, so gut.

Am häufigsten passiert das mit Namen, Dingen, Terminen, Gesichtern und Wörtern. Erlebnisse und Erfahrungen sind weniger häufig betroffen.

Deshalb funktionieren auch Strategien so gut, die alles, was du dir merken willst, mit einer Geschichte oder einem Satz verbinden. Tröstlich fand ich damals auch, dass Schlafmangel, Stress, Zeitdruck, aber auch Verliebtsein zu Vergesslichkeit führen können. Denn ein bisschen verliebt war ich damals gerade in meine neu geborene Enkelin.

Ok. Also in der Situation konnte ich mich beruhigen. Das hat aber nichts daran geändert, dass ich immer öfter etwas vergessen habe. Und vermutlich geht es dir genauso. Auch du weißt inzwischen, dass vor allem das Kurzzeitgedächtnis von Leistungsschwächen betroffen ist. Dass du mehr Zeit brauchst, um Neues zu lernen. Das funktioniert vielleicht ganz gut. Aber bis das Neue dann auch sitzt und jederzeit abgerufen werden kann. Nee. Das braucht noch mehr Zeit. Viel mehr Zeit. Soll ja besser funktionieren, wenn du viel trinkst. Wasser natürlich.

Gerade gestern habe ich wieder ein wunderbares Beispiel dafür erlebt. Ich fahre zur Zeit einen Mietwagen. So ein hypermodernes Ding, in dem alles, aber auch alles elektronisch funktioniert. Was soll ich sagen? Klappte prima, bis es daran ging, das verdammte Ding auszuschalten. Schalthebel auf P gestellt, Schlüssel an mich genommen, auf das entsprechende Symbol gedrückt. Nichts tat sich, beziehungsweise alles tat noch. Das Auto hatte immer noch die Lichter an, brummte und summte vorwurfsvoll.

Also Handbuch rausgekramt. Da gab es eine Anleitung, wie ich mechanisch die Tür schließen könnte. Gelesen, getan. Aber das Auto brummte immer noch. Nur ließ sich die Tür nicht mehr öffnen.

Langer Rede, kurzer Sinn. Ich hatte vergessen, dass ich den Powerknopf nach der Fahrt auch ausschalten musste. Und zwar nur ganz kurz. Hatte der Vermieter mir gesagt. Aber wie gesagt, ein altes Hirn braucht einfach mehr Zeit, um alle Informationen abzuspeichern. Was ich früher beim ersten, spätestens beim zweiten Mal sicher wusste, dafür brauche ich heute fünf- bis sechsmalige Wiederholung.

Es gibt aber kein biologisches Gesetz, dass deine geistige Leistungsfähigkeit im Alter nachlassen muss. Die individuellen Unterschiede sind da riesig. Und das ist abhängig von der Lebensweise.

Gehirnfitness ist nicht dasselbe wie Gedächtnistraining.

Aktiv sein, für deine Gesundheit sorgen, für beste Nährstoffe und vor allem viel Sauerstoff sorgen. Und schon bist du auf der besseren Seite.

Es gibt auch gezieltere Strategien. Ein Ansatz ist das Gehirnfitness-Training, zu dem die Trainerin Christine Haider sagt: „Wir können etwas tun, um unser Gehirn fit zu halten, und je früher wir damit beginnen, umso besser ist es! Das Gehirnfitness-Training ist eine gute Möglichkeit, durch die Kombination aus Bewegung und Denken die körperliche und geistige Leistungsfähigkeit zu stärken und zu behalten, bis ins hohe Alter."

Übrigens unterscheidet sich das Gehirnfitness-Training vom Gedächtnistraining. „Das Gedächtnistraining konzentriert sich hauptsächlich auf die Verbesserung des Gedächtnisses. Die Übungen sollen dazu beitragen, dass man sich besser an Fakten, Namen, Zahlen oder Ereignisse erinnert. Typische Gedächtnisübungen können beispielsweise das Auswendiglernen von Listen, das Wiederholen von Zahlenfolgen sein. Darunter fallen auch Spiele wie Knobeln, Memory, Sudoku, Rätsel- und Denkaufgaben lösen." Dass Kreuzworträtsel und Zahlenrätsel keineswegs ausreichen, haben wir ja schon im Kapitel über die Hirnforschung gesehen.

Was ich von Christine Haider gelernt habe, ist, dass Gehirnfitness weit darüber hinausgeht. Es gehören bestimmte Bewegungsübungen dazu, um Koordination, Aufmerksamkeit, Problemlösung oder kreatives Denken zu fördern. Das Gehirn und der gesamte Körper wird also insgesamt trainiert. Die meisten Übungen auf diesem Feld zielen auf Bewegungen ab, die die Leibesmitte kreuzen. Durch diese Bewegungen wird das Corpus Callosum, also die Verbindung zwischen den beiden Hirnhälften gestärkt. Dann können beide besser zusammenarbeiten. Eine wichtige Voraussetzung für unsere Hirnleistung insgesamt. Du siehst also, auch hier gibt es keine Zwangsläufigkeit.

Die Erkenntnisse aus diesem Kapitel:

1. Kein Grund zur Panik, wenn der Speicher voll ist.
2. Jonglieren lernen ist gar nicht so blöd, es hilft aber schon, die Bälle hin und her zu werfen.

Irrtümer über Selbstliebe

Muss das sein?

Die Frage kann ich gleich beantworten: ***Ja, es muss sein.*** Denn gerade beim Älterwerden kannst du nicht frech, wild und wunderbar sein, wenn du nicht eine gehörige Portion Selbstliebe entwickelt hast. Mit der Betonung auf „entwickelt", denn den meisten von uns ist es überhaupt nicht selbstverständlich, sich selbst zu lieben.

Oben habe ich ja schon geschrieben, wie häufig Selbstoptimierung mit Selbstfürsorge oder Selbstliebe verwechselt wird. Kein Wunder, dass das ein riesiges Thema ist. Kurse werden dazu angeboten. Gefühlt jede zweite Person im Coaching-Bereich möchte dir zur Selbstliebe verhelfen. Bücher zum Thema erscheinen in auffallender Zahl. Ich habe mich gefragt, warum das so ist. Und die eine oder andere Antwort gefunden, die die Gedanken im vorigen Kapitel weiterführt.

Meiner Meinung nach liegt das an ein paar weit verbreiteten Missverständnissen zum Thema Selbstliebe, die fest in unserer Gesellschaft verankert sind. Zum Beispiel die Annahme, wenn wir uns zu sehr selbst lieben, dann werden wir zu Egoisten. Wir wären dann so von uns selbst erfüllt, dass wir uns nicht mehr um andere kümmern. Kreisen nur noch um den eigenen Bauchnabel und schauen auffallend oft in den Spiegel. Selbstverliebt. Genau das ist es. In unserer Gesellschaft wird das Wort Selbstliebe mit den Wörtern Eitelkeit und Egozentrik verwechselt.

Als Aufforderung ist Selbstliebe allerdings sehr präsent, siehe oben. In der Realität sieht es aber offensichtlich mager damit aus.

Den meisten von uns ist es nicht gegeben, sich selbst bedingungslos anzunehmen. Obwohl in unserer psychologischen DNA der Satz „Liebe deinen Nächsten wie dich selbst" tief verankert ist. Eigentlich könnten wir davon ausgehen, dass es uns selbstverständlich ist, uns selbst zu lieben, damit wir dann auch den Nächsten lieben können. Aber nix da.

> Selbstliebe ist nicht dasselbe
> wie selbstverliebt sein.

Dass Selbstliebe die Voraussetzung dafür ist, dass du auch für andere wichtige Dinge geradestehen kannst, dich nicht überrumpeln und übervorteilen lässt, dass du dich nicht mehr abfindest mit dem, was dir schadet, dass du nicht mehr kaufst, was ohnehin keine oder wenig Wirkung hat, das wird gar nicht gesehen.

Das geht so weit, dass Menschen glauben, wenn man sich um sein Inneres kümmert und da aufräumt, ja, dann kann man nicht mehr im Außen handeln. Welch ein Irrtum.

Die Angst dahinter ist: Niemand mag dich mehr, wenn du dich selbst liebst, weil du dann die Nase zu hoch trägst. Du kümmerst dich nicht mehr um die Missstände im Außen, weil du so mit dir beschäftigt bist, dass dafür gar keine Kraft bleibt. Diese Lüge wird immer wieder bestärkt, damit Menschen – insbesondere Frauen, aber auch Männer – in ihrer Position bleiben. Das hält dich für ewig auf Platz 150 im eigenen Wertesystem, anstatt dass du dich auf Platz 1 setzt.

Susanne Petz beschreibt in ihrem Buch „Mit Liebe zum Wir" Selbstliebe als „unsere Schlüsselkompetenz, wenn wir die Abenteuer des Lebens auskosten wollen. Das Wesen der Selbstliebe ist, dass sie uns mutiger macht, den Sinn des Lebens zu entdecken und ihm zu folgen. Gesunde Selbstliebe lässt uns unsere Lebenszeit … wertvoll erscheinen.“

So ein wichtiger Satz. Nur – wenn du dich und deine Lebenszeit wertvoll findest – kaufst du dann noch das, was dir Tag für Tag auf Schritt und Tritt angepriesen wird? Bist du dann noch verführbar vom schönen Schein? Sich selbst hundert Prozent anzunehmen könnte einen radikalen Wandel in unserem Gesellschaftssystem zur Folge haben. Stattdessen wird uns was angepriesen? Genau, die Selbstlosigkeit. Ein scheinbarer Widerspruch zum schönen Schein.

Aus einer leeren Kanne
kannst du nicht ausschenken.

Das Wort selbstlos drückt es mal wieder überdeutlich aus: Ohne dein Selbst bist du niemand. Ein Mensch ohne Selbstwert und damit wieder verführbar. Denn wenn du selbstlos immer für andere da bist, dich immer hintenanstellst, muss der Hohlraum ja irgendwie gefüllt werden.

Auf diese Weise wird eher Verbitterung gefördert. Du weißt aber, dass es mehr im Leben gibt, als allen anderen zu dienen. Vielleicht glaubst auch du, dass du die Liebe der anderen verdienen musst. Und erst, wenn du von anderen geliebt wirst, kannst du dich selbst lieben. Dabei ist es genau umgekehrt.

Du musst dich selbst lieben, bevor du andere lieben kannst und geliebt wirst. Aber die meisten verstehen dieses Konzept nicht. WIE soll das gehen? Wie liebst du dich selbst?

Dass Selbstliebe so viel Widerstand hervorruft, wundert mich nicht. Eine anerkannte Psychologin schlägt daher den Begriff

Selbstmitgefühl vor, weil dann nicht nur du selbst, sondern auch andere mit einbezogen wären. Naja. Das mag für manche hilfreich sein. Ich finde es aber ein bisschen wie Haare spalten. Denn was ist umfassender als die Liebe? Und wie oben schon gesagt: Richtig verstanden ist Selbstliebe die Voraussetzung, um andere zu lieben. Auch die Voraussetzung, um Mitgefühl zu haben.

Hier noch zur Ergänzung eine scheinbar harmlose kleine Geschichte. Eine jüngere Frau berichtete, dass sie mit ihrer Familie bei ihrem Lieblingsitaliener saß. Am Nebentisch eine ältere Dame. Die Familie wurde bedient, die Kinder mampften schon beherzt ihre Pizza, als ihr auffiel, dass die ältere Dame noch nicht mal was zu trinken vor sich stehen hatte.

Als die junge Frau sie ansprach, kam ein resigniertes: „Ich warte jetzt schon zwanzig Minuten, aber bisher hat mich noch niemand beachtet." Hell empört hat der Familienvater dann den Kellner gerufen. Fazit der jungen Frau: Liebe Kellner beachtet doch unsere älteren Menschen und lasst sie nicht so lange unbeachtet rumsitzen.

Wer sich unsichtbar macht,
wird nicht gesehen. Ist ja klar.

So weit, so gut, beziehungsweise schlecht. Dass das nicht nur ein grob unhöfliches, sondern sogar geschäftsschädigendes Verhalten war, ist klar. Viel interessanter aber finde ich die Frage, warum diese ältere Dame nicht beachtet wurde. Und ich behaupte mal dreist, weil sie sich selbst als unsichtbar wahrgenommen hat.

Weil sie es sich selbst nicht wirklich wert war. Natürlich kann es sehr unbehaglich sein, alleine im Restaurant zu sitzen. Vor allem, wenn der Partner bisher den Part übernommen hat, den Kellner zu rufen und auf sich aufmerksam zu machen. Da braucht es Übung und immer wieder den Mut, die eigene Komfortzone zu verlassen. Aber auch da ist die beste Unterstützung, sich selbst wertzuschätzen, sich selbst zu lieben.

Glaube mir, niemand im Außen kann dich so lieben, wie deine Seele es ersehnt. Wenn du an diesen Punkt der Erkenntnis kommst, kann dich nichts mehr aufhalten. Du kannst dir im Spiegel in die Augen schauen und dir die tiefe Liebe geben, die du in dir hast und die du brauchst.

Unsere Selbstliebe ist unsere Revolution, unser Schutz, unsere Macht. Der leitende Gedanke, der zeigt, wer in unser Leben darf und wer nicht. Kannst du dir eine Welt vorstellen, in der jede und jeder sich selbst bedingungslos liebt? Denn jede und jeder kann nur so viel lieben, wie er oder sie sich selbst liebt. Erst dann schenkst du nicht mehr aus einer leeren Kanne aus.

Zugegeben, bei diesem Thema werde ich ein wenig pathetisch. Aber ich meine das wirklich so. Denn ich kenne den langen Weg zur Selbstliebe ziemlich gut. Und gebe ungern zu, dass ich den größten Teil meines Lebens weit davon entfernt war. So weit, dass ich Selbsthass sehr viel besser kannte als Selbstliebe.

Weniger Falten?
Ja, in der Seele!

Einer der Gründe, dass ich dankbar bin, in meiner Lebensmitte entscheidende Weichen gestellt zu haben. Weichen, die ich auch dir wärmstens ans Herz legen kann. Es ist so zentral wichtig, dass wir unsere Selbstliebe entwickeln. Wenn du dich selbst liebst, deinen Selbstwert kennst, dann passieren dir solche Sachen nicht. Auch das habe ich mühsam lernen müssen.

Und hier direkt im Anschluss an die Selbstliebe möchte ich darüber reden, die Seele zu entfalten. Du hast richtig gelesen. Denn es ist doch merkwürdig eingerichtet im Leben. Einerseits. Und andererseits auch wieder sehr schön. Denn, je älter wir werden, desto mehr Falten finden sich in der Haut – selbst bei bester Pflege.

Und gleichzeitig – und das ist das Tolle – gibt es weniger Falten in der Seele. Weil wir uns besser kennen. Weil wir wissen, wer wir sind. Weil wir die ganzen alten Egospiele loslassen können. Wenn, ja, wenn ...

Das gilt nur, wenn wir uns auf den Weg gemacht haben. Wenn du dich entschlossen hast, dein persönliches Wachstum und dein inneres Selbst zu stärken und zu entwickeln. Es geht dabei darum, endlich herauszufinden, wer du bist. Deine wahre Natur zu erkennen, deine Talente, deine Leidenschaften. Was stärkt dich? Wer oder was unterstützt dich?

Wenn Leute mich fragen, sage ich oft, dass ich zu der geworden bin, als die ich gedacht war. Und wenn jemand dann weiterfragt, wie machst du das eigentlich? Was tust du, um auszusehen, wie du aussiehst. Was tust du, um fit zu bleiben. Körperlich, aber auch im Kopf. Verrat uns doch, was ist dein Geheimnis?

Das Geheimnis ist – ich habe kein Geheimnis. Ich habe auch nur eine gehaltvolle, aber gleichzeitig minimale Pflegeroutine. Stattdessen habe ich eine Seelenroutine. Es ist nicht ganz so wichtig, was ich für meine Haut tue. Wichtiger ist, was ich für meine Seele tue. Die Seele nähre. Damit sie sich entfalten kann. Siehe oben.

Wenn du jetzt fragst: Wie kann ich meine Seele nähren? Da gibt es so viele Wege. Ich habe mir zum Beispiel angewöhnt, morgens sehr früh aufzustehen, die 1-Minuten-Fitness, um richtig wach zu werden. Anschließend für fünf Minuten in mich zu gehen. Dazu zähle ich von 5 rückwärts bis 1 und achte dabei einfach nur auf meinen Atem. Das wiederhole ich mittags und abends. Die 5 Minuten in mich gehen. Das Turnen nur bei Bedarf. Du siehst, es ist sehr individuell, was jede und jeder für sich tun kann. Auf jeden Fall ist mit so einem kleinen Ritual schon einiges erreicht.

Seelenroutine ist einfach grundlegend wichtig. Du weißt ja, dass wir in unserer Gesellschaft unseren Wert mit dem schönen Schein verknüpft haben. Und das kann sich zu einem riesigen Thema gerade beim Älterwerden entwickeln.

Weil es so wichtig ist, nochmal: Das sieht so aus, dass wir den eigenen Wert in unserer Erziehung, unserer Bildung, unserer Karriere, dem Aussehen, der Körperform suchen. Immer mit dem Versprechen verbunden, dann wirst du belohnt für die Art und Weise, wie du diese Rollen ausfüllst. Also denkst du: Wenn ich etwas dünner bin, bekomme ich mehr Aufmerksamkeit. Wenn ich gut arbeite, mehr Anerkennung. Wenn ich keine Falten mehr habe, finden Menschen mich anziehender.

Du probierst es aus und dann fühlst du dich in gewisser Weise wertvoller, kannst dich selbst wieder wertschätzen. Du tust das, weil du dich gut fühlen willst, anerkannt, gemocht. Nur kann niemand das auf Dauer durchhalten, weil es erschöpft. Und dann fangen wir an, uns zu fragen:

Bin ich es wirklich wert? Bin ich für irgendjemanden wichtig?

Kein Wunder, dass eine Werbung mit genau dem Slogan „Weil ich es mir wert bin" so erfolgreich war und ist. Das gaukelt uns vor, wir brauchen nur diese Creme, dieses Wässerchen zu kaufen, dann steigt unser Wert. Wir wissen aber ganz tief drin, dass das eine Illusion ist.

Deshalb ist es grundlegend, deinen Wert im Inneren zu finden. Spätestens jetzt, wo du merkst, dass du nicht mehr 50 oder 40 endlose Jahre vor dir hast. Dass dein Körper anfängt, eine eigene Meinung zu haben.

Da ist es wirklich elementar, dass dir klar wird, Du musst nichts TUN, um wertvoll zu sein. Das ist nichts, was du dir verdienen kannst. Denn niemand ist mehr wert als der andere. Und die allergrößte Falle, insbesondere für Frauen, sieht so aus: Du suchst Anerkennung und Wert im eigenen Aussehen.

Das ist so ein gefährlicher Glaube, weil das niemals genug sein wird. Die schönsten Models finden an sich Stellen, die hässlich sind. Selbst für sie wird es immer eine geben, die schöner ist.

> Keine Creme, keine Spritze
> kann deine Zukunft verlängern.

Die Konsumgesellschaft aber liebt es, Frauen Wert zu verkaufen. Dies wird dich glücklich machen, jenes wird dich aufwerten. Damit siehst du jünger aus. Das ist ein ewiger Kreislauf, der niemals zufriedenstellt. NIEMALS. Denn keine Creme, keine Botox-Spritze kann deine Zukunft verlängern. Aber wenn du die Seele entfaltest, kann die Zukunft so lang sein, wie sie will. Du wirst immer im besten Alter sein.

Es gibt für die Lebensmitte allerdings auch eine Reihe von Ratschlägen, die da lauten: Ab 50 musst du dir endlich etwas gönnen! Genieße das Leben! Lass nichts mehr aus! Und dann folgen Hinweise wie „Kauf dir die teure und superschicke Handtasche, genieße den Eisbecher, nimm dir einen jüngeren Liebhaber (wahlweise die Liebhaberin).“ Oder aber du kommst auf die Idee, doch noch den Führerschein für ein Motorrad zu machen. Machst endlich die langersehnte Fernreise. Meldest dich nach langem Überlegen bei einer Partnervermittlung an.

Das mögen alles Dinge sein, die dir im Moment gerade guttun können. Und die du dir gerne gönnst. Wunderbar. Aber es sind keine Werkzeuge, um deine Seele zu entfalten. Denn was dich daran hindert, sind oft tiefliegende Ängste.

Zum Beispiel die, dass du glaubst, immer zu wenig zu haben. Wie willst du diesen Glauben ändern, indem du dir ein Eis kaufst? Klappt noch nicht mal mit der teuren Handtasche.

Auch wenn du Schwierigkeiten hast, dir etwas zu gönnen, weil du dich vor Notsituationen und Engpässen fürchtest, braucht es etwas anderes. Und den Glaubenssatz „Ich bin es nicht wert" wirst du auch nicht los, nur weil du jetzt Spaß zu deinem Lebensmotto machen willst.

Um es noch einmal deutlich zu sagen: Ich habe überhaupt nichts dagegen, auch solche scheinbar oberflächlichen Dinge zu genießen. Im Gegenteil. Es ist immer die Frage, mit welcher inneren Haltung du das tust.

Keine Verwechslung von Ursache und Wirkung. Der Eisbecher kann die Wirkung sein, aber niemals die Ursache. Die Ursache liegt immer in dir und deiner Seele. Wenn du auch von dir sagen kannst, dass du die Person geworden bist, als die du gedacht warst, dann ist es egal, ob du zur Handtasche greifst, ins Drei-Sterne-Restaurant gehst, in den teuren Wellness-Urlaub fährst. Oder aber zur Entspannung in die Sauna um die Ecke.

Die Erkenntnisse aus diesem Kapitel:

1. Platz 120 in deinem Wertesystem oder doch lieber Platz 1?

2. Nur du kannst dich so lieben, wie du das brauchst.

3. Was bist du dir wirklich wert?

Angst vor Einsamkeit

Ein schlechter Ratgeber

Wenn sie ans Alter denken, nennen sehr viele Menschen Angst vor Einsamkeit. Auch das ist etwas, was uns in vielen Veröffentlichungen regelmäßig vor Augen geführt wird: Sobald du ein bestimmtes Alter erreicht hast, wirst du einsam. Die Freunde sterben weg und du bleibst übrig. Ich will hier überhaupt nicht leugnen, dass das ein großes und wichtiges Thema ist. Nur stört mich auch hier die Zwangsläufigkeit, mit der das behauptet wird.

Ein Punkt schon mal vorneweg: Du brauchst Freunde in einer breiten Lebensspanne. Das heißt ältere, gleichaltrige und jüngere. Und wenn du dich um dieses Thema rechtzeitig kümmerst, bist du schon mal einen Schritt weiter.

Freunde lassen sich nicht so einfach aus dem Boden stampfen. Ich habe früher ja schon beschrieben, dass es auch bei mir Zeiten gab, in denen ich scheinbar gar keine Freunde hatte. Bis ich irgendwann gemerkt habe, dass ich einfach irgendwann die Augen zu- und nicht wieder aufgemacht hatte. Schon ein kleiner Hinweis darauf, dass es entscheidend davon abhängt, wie du dich verhältst. Bist du freundlich und offen, wird es dir leichtfallen, Freunde zu finden. Falls du das nicht bist, auch das lässt sich üben. Im Kapitel über Ausstrahlung findest du ein paar Tipps dazu.

Dann gibt es ja den großen Unterschied zwischen einsam und allein. Es gibt viele Leute, die allein sind, sich aber kein bisschen einsam fühlen. Und dann gibt es einsame Menschen inmitten von vielen anderen, die sie mögen. Bei der Einschätzung deiner

Situation solltest du auch daran denken, denn das kann einen großen Unterschied machen. Wenn du viel allein bist, heißt das nämlich noch lange nicht, dass du auch einsam bist.

Allein sein ist nicht
dasselbe wie einsam sein.

Übrigens hat sich gezeigt, dass Menschen, die ein gutes Verhältnis zu sich selbst haben, diejenigen sind, die sich weniger einsam fühlen. Auch hier spielen Selbstwert und Selbstliebe eine entscheidende Rolle. Dann hast du auch keine Angst vor Einsamkeit. Angst ist sowieso immer ein schlechter Ratgeber. Also alles, was du aus Angst denkst, entscheidest, tust, kann nichts verändern. Das geht nur, wenn du anders handelst als bisher, und das setzt voraus, dass du anders denkst. Kennst du ja schon.

Und du weißt auch, wenn du immer dasselbe tust und ein anderes Ergebnis erwartest, das ist so, als ob du am Bahnhof stehst und auf ein Schiff wartest. Ich weiß leider nicht mehr, von wem der Spruch ist, aber er kennzeichnet die Situation recht gut. Interessant ist auch, dass die meisten, die Angst vor Einsamkeit formuliert haben, noch gar nicht in der Situation sind. Sie befürchten nur, dass diese Situation eintreffen könnte.

Da stellt sich zunächst einmal die Frage, wie viel Platz in deinem Leben für das Unbekannte ist. Denn um die Situation zu verändern, musst du dich auf etwas Unbekanntes einlassen. Etwas, das du noch nie getan hast. Das muss gar nichts Spektakuläres sein. Einfach etwas, das du noch nie getan hast. Also etwas, womit du deine Komfortzone verlässt.

Hier ein paar pragmatische Tipps. Probier doch mal nebenan.de. Das ist eine Plattform, die Nachbarschaften zusammenbringt.

Da kann man sich anmelden und die verschiedenen Angebote nutzen. Es gibt da einen Marktplatz, einen Ort, um Kontakte zu finden. Auch Empfehlungen und Verkauf.

Während des ersten Lockdowns habe ich über nebenan.de eine Gruppe gegründet, die habe ich „Bestrickende Weiber" genannt. Wir haben uns regelmäßig über Zoom getroffen und gestrickt, dabei ein Gläschen Wein getrunken und viel geredet. Außerdem haben wir uns gegenseitig unsere Ergebnisse gezeigt und Tipps ausgetauscht. Aus dieser Gruppe – wir waren damals fünf Frauen – sind zwei übrig geblieben, mit denen ich heute noch befreundet bin.

In der Zeitschrift *Brandeins* mit dem Titelthema „Was, wenn wir alle 100 werden?" hat eine 90 Jahre alte Dame ihren Alltag so beschrieben: „Alles wird sicher immer ein bisschen weniger werden. Aber auch das, was noch geht, ist schön. Es liegt an mir, mit neuen Menschen zu sprechen, ihnen zuzuhören und zu schauen, was die Welt für mich noch zu bieten hat. Das ist, ganz gleich in welchem Alter, so einiges. Deshalb glaube ich heute, dass auch die Jahre zwischen 90 und 100 da sind, um noch das eine oder andere Abenteuer zu erleben." Was sie nicht ausdrücklich erwähnt hat, ist, dass auch sie der Welt noch einiges geben kann. Zum Beispiel sich die Zeit nehmen, um anderen zuzuhören.

Diese alte Dame hat sich bei einem Start-up engagiert, kuchentratsch.com in München. Da backen ältere Menschen Kuchen nach alten Hausrezepten, die dann verkauft werden. Aber es gibt auch viele andere Möglichkeiten, um in Kontakt mit anderen zu kommen. nebenan.de habe ich schon erwähnt. Dann gibt es noch meet5.de. Das funktioniert nur über eine App, ist aber auch eine gute Möglichkeit, den eigenen Kreis zu erweitern. Über die App werden Aktivitäten angeboten. Ein Kinobesuch, eine Wanderung, eine Fahrt ins Blaue oder was auch immer. Dann kannst du dich anmelden und triffst am vereinbarten Ort zur vereinbarten

Zeit fünf andere Menschen, die dasselbe Interesse haben. Auch nicht schlecht, oder?

Interessant ist auch die Plattform gemeinsamerleben.com. Funktioniert ähnlich wie meet5. Du siehst, es gibt – dank Internet – eine Vielzahl von Möglichkeiten, deinen Bekanntenkreis zu vergrößern. Und mit etwas Glück findest du dann auch eine beste Freundin oder einen besten Freund.

Ich weiß, diese Hinweise sind ziemlich pragmatisch und bewegen nichts an tieferen Schichten der Einsamkeit. Da würde ich dann eher geschulte Therapeuten empfehlen. Aber für die meisten Menschen ist die Angst vor Einsamkeit ja eine Sache, die ausschließlich in ihrem Kopf stattfindet. Und da lässt sich gegensteuern. Denn ein erfülltes Leben hast du nur, wenn du es füllst. Damit meine ich das Gegenteil von Aktionismus. Stärke dich und schau dann, wie du aus der Position der Stärke heraus handelst.

Noch ein kleiner kluger Satz zum Thema Angst. Sie ist die Dunkelkammer, in der Negative entwickelt werden. Heute mit den Digitalkameras kein Thema mehr. Aber für unsere Generation noch ein sehr deutlicher Hinweis: Entwickle bewusst Positives, denn die Negative entwickeln sich leider von allein.

Die Erkenntnisse aus diesem Kapitel:

1. Du kannst oft allein sein und dennoch nie einsam.

2. Die Angst vor Einsamkeit ist der schlechteste Ratgeber überhaupt.

Vom Leben mit Einschränkungen

Schwieriges Kapitel mit überraschenden Wendungen

Wie oft höre ich das. Ja, ja, dieses positive Gerede. Was ist mit den Menschen, die schwer krank sind oder querschnittgelähmt oder Parkinson haben. Da fällt es zunächst einmal schwer, etwas Positives dazu zu sagen. Es ist bitter, wenn dir eine solche Einschränkung passiert. Passiert? Haben wir nicht gelernt, dass unsere Gedanken unser Leben, unsere Gesundheit, unser Sein gestalten? Was ist dann mit solchen Beeinträchtigungen? Ist jeder selbst schuld?

Von Schuld kann schon mal gar keine Rede sein, eher von Verantwortung. Denn Menschen sind sehr unterschiedlich, haben sehr unterschiedliche Zugänge zu solchen Erkenntnissen. In asiatischen Glaubenssystemen wird dann gerne von Karma gesprochen. Also das, was du in deinem früheren Leben getan hast, kommt in den folgenden Leben zu dir zurück. Auf die eine oder andere Weise. Ich weiß nicht, ob ich das glauben will. Aber Tatsache ist, dass nicht jede und nicht jeder in der Lage ist, sein Leben wirklich zu gestalten. Aus welchem Grund auch immer.

Der Sohn eines Bekannten ist nach einem Unfall querschnittgelähmt. Für den Unfall konnte er nichts. Hat er dann die Verantwortung für seine Lähmung? Ich weigere mich, das auch nur zu denken.

Wenn hier von Verantwortung die Rede ist, dann hat er höchstens die Verantwortung dafür, wie er mit seinem Leben im Rollstuhl umgeht. Auch da hilft Jammern nichts. Im Gegenteil. Macht alles nur schlimmer.

Aber da ich diese Art von Erfahrung nicht selbst habe, wende ich mich hier Menschen zu, die wissen, wovon die Rede ist.

Samuel Koch war 23 Jahre alt, als er einen schweren Unfall hatte. Vor einem Millionenpublikum wollte er 2010 in speziellen Sprungstiefeln das Auto überspringen, das sein Vater fuhr. Er stürzte schwer und ist seitdem vom Hals abwärts querschnittgelähmt. Die ganze Nation hat seine weitere Entwicklung eine Zeitlang verfolgt. Dann wurde es eine Weile still.

Samuel Koch ist immer noch querschnittgelähmt. Hat sich aber nicht aufhalten lassen. Kurzer Rückblick: Er war Regieassistent bei dem Film „4 Tage im Mai" und zwei Monate vor dem Unfall hatte er in Hannover ein Schauspielstudium begonnen.

Zwei Jahre nach „Wetten dass …?" erschien sein autobiografisches Buch „Zwei Leben". Seitdem schreibt er Bücher und geht mit einem Freund auf Tour. 2014 bestand er seine Schauspielprüfung. In seiner Abschlussarbeit setzte er sich mit dem Thema Behinderung auseinander. Titel der Arbeit: „Die Entdeckung des Schönen in der Reduktion."

In seiner ersten Stelle am Theater war er in verschiedenen Rollen zu sehen. In dieser Zeit wohnte er bei mir um die Ecke, sodass ich ihn ab und zu im Rollstuhl, jeweils mit Begleitung, gesehen habe. Depressiv oder schlecht gelaunt wirkte er nie. Seitdem spielt er in verschiedenen Kinofilmen mit, tritt auf Bühnen auf und geht auf Tournee. Auch mit Lähmung hat er sich nicht aufhalten lassen.

Nicht immer sind Menschen bekannt. Und nicht immer sind ihre Geschichten so spektakulär. Zum Beispiel die Schweizerin Thea Mauchle. Sie kam mit ihrem leeren Bus von der Straße ab. Zum Glück konnte sie aus dem Bus springen, bevor er ins Tal fiel. Seitdem ist auch sie querschnittgelähmt, sagt aber von sich: „Ich bin froh, dass ich den Unfall überlebt habe."

Oft haben Menschen schwere unheilbare Krankheiten, die im Alltag gar nicht auffallen. Oder wusstest du, dass Lady Gaga an Fibromyalgie leidet? Auch Cher und die Tennisspielerin Venus Williams sind davon betroffen. Das Model Cara Delevingne leidet an Schuppenflechte und arbeitet seitdem sehr viel weniger.

Merkt man diesen Frauen an, dass sie chronisch erkrankt sind? Nein. Sie tun weiter das, was ihr Leben ausmacht, Singen, Schauspielen, Modeln und auch Tennisspielen. Was sie verändert haben, um weiter aktiv zu bleiben, wird nicht sichtbar. Aber sie bestätigen alle drei, dass sie mit der Krankheit leben.

> Die Kraft, die den Körper erschaffen hat,
> ist auch fähig, den Körper wieder zu heilen.

Besonders spektakulär ist der Fall des Arztes und Neurowissenschaftlers Dr. Joe Dispenza. Bei einem Triathlon war er mit dem Fahrrad unterwegs und wurde von einem Geländewagen erfasst. Sechs Wirbel gebrochen, einer zu 60 Prozent. Die Prognose lautete: Rollstuhl. Er war aber fest davon überzeugt: „Die Kraft, die den Körper erschaffen hat, ist auch fähig, den Körper zu heilen."

Joe Dispenza unterzog sich einem rigorosen Plan der Selbstheilung. Dazu gehörten Diät, Physiotherapie, Meditation und Gedankenhygiene. Das heißt, er erstickte jeden zweifelnden Gedanken sofort im Keim. Und es gelang. Seitdem widmet er sich der Erforschung der Selbstheilungskräfte.

So außerordentlich diese Geschichte klingt, erinnere dich: Im Kapitel über Epigenetik hast du von Menschen gelesen, die Krebs im Endstadium überlebt haben. Im Rahmen dieser Studie wurden 1500 Fälle gefunden. Und ich bin mir sicher, es gibt sehr viel mehr.

Unzählig sind auch die Beispiele von Menschen, die psychische oder physische Gewalt erfahren, und ein erfülltes Leben gefunden haben. Ich selbst habe in meinen 30er Jahren innerhalb von zwei Jahren den Suizid meines Bruders, die fahrlässige Tötung meiner jungen Cousine, den Tod von Großvater und Großmutter und den meiner Tante verkraften müssen. Alles Menschen, die mir sehr nahestanden. Dazu kam, dass meine Mutter an schizophrenen Schüben gelitten hat und immer wieder in der Psychiatrie gelandet ist.

Natürlich war das schwer. Insbesondere, wenn man noch so jung ist, gibt es wenig Strategien, mit Schmerz und Verlust umzugehen. Aber das ist ein Grund, warum ich mit voller Überzeugung sagen kann, dass nicht das, was von außen kommt, unser Leben bestimmt, sondern wie wir dem begegnen. Wie wir damit umgehen.

Warum sind solche Beispiele wichtig? Wie am Anfang des Kapitels schon gesagt, höre ich häufig, „Ja, du mit deinem Positivismus. Du hast leicht reden. Aber hab erst mal die und die Erfahrung. Dann weißt du, dass das unmöglich ist.“ Deshalb habe ich auch oben von mir berichtet, was ich sehr selten tue. Denn ich möchte mich nicht am Jammerwettbewerb beteiligen.

Es gab mal eine Zeit in meinem Leben, da war ich von Menschen umgeben, denen es permanent schlecht ging. Es entstand so etwas wie eine Konkurrenz, wer hat Schlimmeres erlebt, wer „gewinnt“ hier in diesem makabren Wettlauf. Es war in diesem Umfeld besonders wichtig, die eigenen Wunden herzuzeigen. Irgendwo habe ich mal gelesen, dass das als „Wundologie“ bezeichnet wird. Also immer wieder an der Narbe kratzen. Ich gestehe, eine Zeitlang habe ich mitgemacht. Weil ich glaubte, Gleichgesinnte gefunden zu haben. Weil ich dachte, dass nur sie mich verstehen können. Tatsächlich ging es aber gar nicht darum, andere zu verstehen. Alle wollten nur selbst verstanden werden.

Es hat einiges an Kraft gekostet, mich aus diesem Umfeld zu lösen. Ich habe das damals als Häutung empfunden. Aus dem Kokon rausschlüpfen und dann? Fühlst du dich erstmal verletzbar und sehr allein. Und es braucht seine Zeit, bis die neue Haut gewachsen ist und neue Freunde auftauchen. Freunde, die besser passen.

Hier mal ein kleiner Exkurs zum Thema Freundschaften. Die amerikanische Speakerin Mel Robins hat mal gesagt, dass es verschiedene Arten von Freundschaften gibt. In ihren Worten: „Friends for a reason, friends for a season and friends for a lifetime."

Kollegen oder Gruppen, die ein gemeinsames Schicksal teilen, wären dann ***friends for a reason***, also Freunde aus gutem Grund. Menschen, die du im Urlaub triffst und mit denen du dich dort gut verstehst, von zu Hause aus aber nichts mehr mit ihnen anfangen kannst, sind ***friends for a season***, Freunde für eine begrenzte Zeit. Und dann sind da noch die seltenen Exemplare der ***friends for a lifetime,*** der Freunde fürs Leben. Es gibt Menschen, die haben ganze Gruppen von Freunden fürs Leben. Andere nur einen oder gar keinen. Stattdessen serienweise ***friends for a reason.***

Doch zurück zum Leben mit Einschränkung. Für mich sind die oben genannten Beispiele und meine eigene Erfahrung der entscheidende Hinweis, dass es keine Gesetzmäßigkeit gibt, die Menschen zwingt, im Jammertal zu versinken. Egal, was im Außen passiert ist.

Klar gibt es erst mal viel Verzweiflung und Hadern mit dem eigenen Schicksal. Aber daraus taucht man erfahrungsgemäß über kurz oder lang wieder auf. Dann ist es einzig und allein die persönliche Entscheidung. Wenn es der richtige Weg zu sein scheint, über das eigene schwere Los zu jammern – ok. Nur wird man so kein bisschen glücklicher. Auch nicht zufriedener. Ganz im Gegenteil. Das Unglück, die Unzufriedenheit ist vorprogrammiert.

Ein Gegenbeispiel sind die Leute, die großes Glück erleben. Untersucht wurde das an Lotto-Millionären. Die konnten es kaum fassen, dass sie plötzlich so viel Geld zur Verfügung hatten. Waren überglücklich. Dann hat sich das Ganze relativiert und nach ungefähr zwei Jahren ging es ihnen genauso wie vor dem großen Gewinn. Egal, ob das Geld noch da war oder ihnen durch die Finger geronnen ist.

Dasselbe Prinzip bei völlig unterschiedlicher Erfahrung.

Die Erkenntnisse aus diesem Kapitel:

1. Auch mit Einschränkungen musst du nicht zwangsläufig unglücklich sein.
2. Es gibt im Leben immer wieder Häutungen, die du erstmal verkraften musst.
3. Im Schnitt pendelt sich nach jedem Schicksalsschlag die Stimmung wieder ein.

Alt sind nur die anderen

Die Endlichkeit im Nacken

Vielleicht hast auch du dich über den Titel dieses Buches gewundert, dich davon angesprochen gefühlt. Vielleicht warst du auch ein wenig irritiert und hast dich gefragt, warum du jung bleiben sollst. Eine sehr berechtigte Frage. Meine Facebook-Community gleichen Namens hieß ursprünglich ein bisschen anders, nämlich „Wie du frech, wild und wunderbar alt wirst". Hat nur wenige Menschen hinter dem Ofen vorgeholt.

Da habe ich mich natürlich gefragt, warum das so ist. Und bin auf ein interessantes Phänomen gestoßen: Wir wollen im Grunde gar nicht wahrhaben, dass unser Leben endlich ist. Und insbesondere kurz bevor wir aus der Berufstätigkeit aussteigen, kriecht da eine diffuse Angst hervor. Begleitet von der Frage „Was mache ich jetzt? War das schon alles?"

Vor Jahrzehnten hat der Liedermacher Wolf Biermann den schönen Text geschrieben: „Das kann doch nicht alles gewesen sein. Das bisschen Sonntag und Kinderschrein. Das muss doch noch irgendwo hingehn …" Genau dieser Gedanke treibt dann viele frische Rentner an, ihr Leben mit Aktivitäten zu füllen. Dann werden Reisepläne geschmiedet und durchgeführt, versucht, alles nachzuholen, was während der Jahrzehnte vorher (scheinbar) versäumt wurde. Die Zeit drängt, denn im Untergrund schwelt die nicht ganz bewusste Angst, es könnte jetzt zu spät sein.

Das ist der Anfang des Leugnens. Ich bin doch nicht alt! Alt sind nur die anderen! Selbst meine Großmutter war erfüllt von diesem Gedanken. Im Altenheim, in das sie mit 80 Jahren gezogen war, damit wir sie in der Nähe hatten, lernte sie eine vier Jahre jüngere Frau kennen. Die beiden waren auf den ersten Blick beste Freundinnen. Haben so viel wie möglich gemeinsam gemacht und hatten viel Spaß miteinander. Dennoch sagte meine Oma eines Tages zu mir: „Die Maria, wenn die ein bisschen jünger wäre, mit der ginge ich durch dick und dünn." Wohlgemerkt, Maria war vier Jahre jünger als sie.

Wir fühlen uns von innen nie so alt, wie wir aussehen.

Du kennst auch die Sprüche älterer Leute aus deinem Umfeld: Da gehe ich nicht hin, da sind ja nur alte Leute. Selbst aber sind sie schon seit langem im gleichen Alter. Wir fühlen uns von innen eben selten so alt, wie wir von außen aussehen. Nun gibt es Gesellschaften, da verleiht dir dein Alter Respekt. Da wirst du geachtet und zuvorkommend behandelt. In unserer Gesellschaft hat sich das fast ins Gegenteil verkehrt. Bei uns musst du jünger sein, damit du respektiert wirst. Ist das der Grund, warum so viele ihr Alter leugnen?

Eine andere Spielart desselben Themas kenne ich auch noch. Das Kokettieren mit dem eigenen Alter. Ehrlich gesagt fühle ich mich immer ein wenig geschmeichelt, wenn ich verrate, dass ich 78 Jahre alt bin und meinem Gegenüber völlig überrascht ein wenig die Gesichtszüge entgleisen. Was? Und dann kommt: „Naja, ich hätte dich mindestens zehn Jahre jünger geschätzt." Insgeheim bin ich dann ein bisschen beleidigt, denn er oder sie hätte ja auch 15 oder 20 Jahre sagen können oder etwa nicht?

Das zeigt, wir entgehen diesem Druck, jung, dynamisch, energiegeladen zu sein, nicht. Und obwohl ich mich nun schon lange mit dem Thema auseinandersetze, mir über sehr vieles sehr bewusst bin, tappe auch ich immer wieder in diese Falle. Falle? Naja, eine Falle ist es eigentlich nicht. Sondern ein Ausdruck unserer Gesellschaft. Ob mir das nun passt oder nicht.

„Das Soziale und das Emotionale, das Sehen und Fühlen, all das geht miteinander eine perfide Verwurschtelung ein. Soziologen nennen es Internalisierung: Du machst dir, mehr oder weniger unbewusst, in deinem Denken, Fühlen und Verhalten die Ideologie der Kultur zu eigen, in der du lebst. Also auch ihre Vorurteile." Und die werden dann an den anderen durchbuchstabiert. Alt sind nur die anderen.

Das schrieb Nataly Bleuel („Warum fühlen wir uns jünger, als wir sind?" in *Die Zeit* Nr. 21/2023). Wenn du dich dann selbst alt fühlst, etwa weil du müde bist oder weil du dich verletzt hast oder aber weil jemand gestorben bist, dann bist du genauso gnadenlos mit dir selbst. Dieses etablierte Vorurteil heißt in Anlehnung an Sexismus und Rassismus dann eben Ageismus.

Niemand weiß
automatisch alles besser.

Nataly Bleuel zählt Beispiele auf „Ageismus sagt: Für dein Alter siehst du (noch) ganz schön jung aus! Sexismus sagt: Für eine Frau bist du ganz schön schlau! Rassismus sagt: Als Schwarzer hast du doch Musik im Blut." Auweia. Da hat es uns erwischt. Klar wissen wir, dass unser Gehirn Vereinfachungen sucht, um besser funktionieren zu können. Deshalb haben wir alle diese Vorurteile in uns. Und um uns selbst zu schützen, halten wir uns für jünger, als wir sind. Denn Vergleichen macht immer unglücklich, weil wir ja schlechter dabei abschneiden könnten. Da machen wir lieber mit im Reich der Vorurteile und sind der festen Überzeugung, dass nur die anderen alt sind.

Nur – was machen wir jetzt mit den Erkenntnissen? Ich für mein Teil möchte jung bleiben und gleichzeitig alt sein. Alter schreckt mich nicht und es muss auch dich nicht schrecken. Du kannst dafür sorgen, dass du jung im Kopf bleibst, neugierig, anderen zuhörst. Gerade auch Jüngeren. Denn auch das gehört zu den Vorurteilen im Kopf vieler Altersgenossen, dass sie automatisch alles besser wissen, je mehr Jahre sie auf dem Buckel haben.

Natürlich hilft in Bewegung bleiben. Akzeptieren, dass der Körper, die Energie trotz allem nachlassen. Das Leben dennoch lebenswert ist. Mit sich selbst empathischer werden. Hatten wir schon. Das zieht sich durch den ganzen Prozess des Jungbleibens beim Älterwerden durch. Die Selbstliebe, der Selbstwert. Dann machen dir all die Anfechtungen von außen nichts aus. Du hast deinen Nordstern im Inneren.

Und was ist dein Nordstern? Das ist deine Lebensvision. Was treibt dich an, dich mit dem Thema auseinanderzusetzen? Was möchtest du wirklich? Was glaubst du wirklich? Oft kannst du das schnell beantworten: Ich glaube, dass ich fit und gesund alt werden kann. Zum Beispiel. Aber wenn du tiefer schaust … glaubst du das wirklich? Es lohnt sich, da hinzuschauen. Denn die Schichten darunter sind die eigentlich wichtigen, die du liebevoll anschauen darfst, bevor du dich von ihnen verabschiedest.

Wonach Menschen streben und was sie am Ende bereuen.

Weitere Fragen: Was ist deine höchste Vision? Warum möchtest du das erreichen? Was tust du heute, um das zu verwirklichen? Ich möchte zum Beispiel lebenssatt „Tschüss“ sagen können und nicht lebensmüde. Zufrieden auf mein Leben zurückblicken können. Nichts oder besser gesagt so wenig wie möglich bereuen.

Wenn man den Aussagen von Sterbebegleitern folgt, dann ist das, was Menschen bereuen, oft das, was sie nicht getan haben. Und in diesen Listen fehlen Fernreisen, viel Geld oder ein tolles Haus. Stattdessen geht es um Liebe. Versäumte Liebe in der Regel. In all ihren Spielarten. Und um Mangel an Mut. Etwas Wichtiges nicht getan, nicht gesagt zu haben. Auch wenig oder gar nicht für sich selbst gesorgt zu haben. Sich in kritischen Situationen nicht den eigenen Werten entsprechend verhalten zu haben. Im Kern darum, man selbst gewesen zu sein. In voller Blüte. Sei du selbst. Auch das ein Satz, der zur Zeit Konjunktur hat. Und gleichzeitig Kern vieler Missverständnisse ist.

Beispiel: Gestern ging ich durch die Stadt und sah eine Frau auf mich zukommen in einem dieser unsäglichen T-Shirts mit Riesenschrift auf dem Busen. Diesmal verkündete die Schrift „Sei du selbst". Beim Weitergehen habe ich mich gefragt, was das heißt. Wenn du nicht weißt, wer du bist, denkst du, jeder Impuls, jede Laune wäre Ausdruck deines Selbst. Meine Mutter, die mit Selbstentwicklung überhaupt nichts am Hut hatte, meinte regelmäßig, wenn sie wieder Mist gebaut hatte: „So bin ich eben. Ich bin halt so eine Person."

Hm. Später im Leben wurde mir klar, dass sie da etwas sehr Wahres gesagt hat. Sie war so eine Person. Denn Person bezeichnete ursprünglich die Maske des Schauspielers auf der Bühne. Lateinisch: personare, d. h. durch und durch ertönen, laut erschallen. Irgendwie scheint mir das ein Hinweis darauf zu sein, dass wir die Aufforderung „Sei du selbst" als Gesellschaft noch mal genauer anschauen müssten. Denn wenn du nicht weißt, wer du bist, tönen nur die falschen Antworten aus dir heraus.

Die Erkenntnisse aus diesem Kapitel:

1. Uns jünger zu fühlen als wir sind, ist reiner Selbstschutz.

2. Nur weil wir Erfahrung haben, wissen wir noch lange nicht alles besser.

3. Am Ende bereuen wir nur Mangel an Mut und Mangel an Liebe.

Anti-Aging – Warum eigentlich?

Ich liebe Happy-Aging

Dass ich es grundsätzlich mehr mit Happy-Aging halte, ist sicher schon klar geworden. Bei Happy-Aging geht es mehr um dein Innenleben. Bei Anti-Aging mehr um die äußere Erscheinung. Natürlich kannst du beides tun. In jedem Fall ist es sinnvoll, dir und deiner Haut mehr und gehaltvollere Nahrung zu geben. Da ist nur die Frage, ob du dich eher in die Richtung natürliche und frische Cremes bewegst oder eher Wirkstoff orientierte Cremes bevorzugst.

Der Markt für teure Kosmetika zielt ja in erster Linie auf die etwas ältere Kundschaft ab. Es mag sein, dass sie (die Cremes) alle halten, was sie versprechen. Obwohl es bisher z. B. laut Gesellschaft für Dermopharmazie und Stiftung Warentest keine wirklich überzeugenden wissenschaftlichen Beweise für die Wirkung gibt. „Zahlreiche Kosmetika mit Anti-Aging-Anspruch versprechen viel, doch unterstützen oft nur wenige wissenschaftliche Daten die ausgelobte Wirkung."

Oft gibt es so eine Studie nur für einen der enthaltenen Wirkstoffe, oder die Gruppe der getesteten Personen ist zu klein. Kann auch sein, dass das Ergebnis der Studie auf der Selbsteinschätzung der Probanden beruht.

Alles etwas windige Faktoren, die als wissenschaftliche Ergebnisse hochstilisiert werden. Fazit: Ob der Alterungsprozess tatsächlich aufgehalten wird, ist nirgendwo eindeutig bewiesen. Doch die Werbung verkündet anderes. Auf ewig jung! 20 Jahre jünger aussehen! Und Jane Fonda blickt uns aus ihrem 80-jährigen

Gesicht an wie eine voll erblühte 60-Jährige. Wie gesagt, mag sein, dass all die Versprechen eintreffen. Ich bin allerdings etwas misstrauisch den Verkündigungen gegenüber.

Natürlich bin auch ich gerne fit und vital unterwegs, freue mich, wenn ich mit 78 Jahren der Straßenbahn hinterher rennen kann – wenn es denn unbedingt sein muss. Aber auch dafür gibt es andere Wege als High-Tech-Kosmetik. Wie du bereits weißt, sind es die Gedanken. Ich bin überzeugt, dass ich die Straßenbahn noch erreiche, also sprinte ich los. Und schaffe es. Hört sich zu simpel an? Du lebst, was du glaubst.

Ein ganz anderes Kapitel sind die Schönheits-Operationen. Da kommt mir sofort der Gedanke, dass hier Krieg gegen den eigenen Körper geführt wird. Denn die Tatsache, dass mit Botox oder Skalpell der Schwerkraft getrotzt werden soll, schickt mir Schauer über den Rücken. Und mal ehrlich: Allein die Verwendung von Nervengift und Operationsbesteck hat etwas Kriegerisches.

Im Krieg gegen den eigenen Körper

Außerdem sind insbesondere den chirurgischen Eingriffen und den Spritzen natürliche Grenzen gesetzt. Irgendwann ist die Haut so ausgeleiert, dass nichts mehr hilft. Kannst du auch ganz gut beobachten, wenn du kosmetisch jung gehaltene Menschen siehst, z. B. im Fernsehen. Das Gesicht ist eindeutig 40, aber der Rest?!

Fast alle Fernsehgesichter haben inzwischen eine merkwürdige Starre, wenn du genau hinschaust. Egal ob Moderatorin oder Quizmaster. Jede und jeder, der schon länger dabei ist, wirkt ein bisschen ferngesteuert. Die Hände, das Aufstehen, die Bewegungen insgesamt sind die alter Menschen. Was hättest du von einem jungen Gesicht, wenn alles andere dein wahres Alter verrät? Ich halte es da lieber mit dem Satz, den ich gar nicht oft genug sagen und schreiben kann: Jung bleibst du nicht mit Konservierung, sondern nur mit Energie.

Das ist auch der Grund, warum mir dieses ganze Gedöns zu Anti-Aging hochgradig suspekt ist. Was mich besonders misstrauisch macht, ist Folgendes. Es gibt inzwischen so gut wie keinen Körperteil mehr, der in Ordnung ist, so wie er ist. Der nicht chirurgisch oder mit Cremes oder mit Übungen verbessert werden muss. Hier geht es um Cellulitis, da um den faltigen Hals, dort wiederum um Schlupflider, dann geht es um den Busen und so weiter und so fort. Manchmal kommt mir das Bild einer Frau in den Kopf, die in ihre Einzelteile zerlegt ist. Und jedes Teil wird gesondert begutachtet und für schlecht befunden.

Verstärkt wird das noch durch die vielfältigen Filter, mit denen Menschen in den Medien bis zur Unkenntlichkeit „verschönert" werden. Am häufigsten werden Hyaluronfiller gespritzt. Die binden Wasser, sodass alles, aber auch alles voluminöser und damit jugendlicher erscheinen kann. Die Nasolabialfalten verschwinden, der Mund wird praller, die Wangen runder. Und: Es heißt, dass danach kein Make-up mehr nötig ist. Weil die Haut so toll aussieht.

> Hier wird Selbstoptimierung mit Selbstentfaltung verwechselt.

Was erhoffen sich Menschen, die „was an sich machen lassen"? Meist glauben sie, dass sie sich dann wertvoller fühlen. Ein höheres Selbstwertgefühl ist die Münze, die sie gegen die Eingriffe tauschen wollen. Für sich selbst zu sorgen. Aber ist das wirklich Selbstfürsorge? Ich glaube hier wird Selbstoptimierung mit

Selbstentfaltung verwechselt. Wenn ich mich selbst optimieren will, schaue ich – wieder – von außen auf mich. Schaue, welche Anforderungen an mich gestellt werden und wie ich sie erfüllen kann. Zumindest von außen. Zumindest zum Schein. Damit die anderen nicht merken, was dahintersteckt. Wenn ich mich entfalten will, folge ich den Impulsen meiner Seele.

Was aber heißt das, wenn ich mein Äußeres so verändere, dass ich es in scheinbarer Makellosigkeit präsentieren kann? Viele Menschen scheinen zu glauben, dass das dann auch auf ihr Inneres abfärbt. Dann heißt es nicht mehr „Ein gesunder Geist wohnt in einem gesunden Körper". Sondern vielmehr „Ein schöner Körper formt einen gesunden Geist". Autsch.

Das Dumme ist nur Folgendes „Schönheitsideale funktionieren ja gerade dadurch, dass sie einem erreichbar erscheinen, aber nie erreichbar sind", schreiben Marius Buhl und Daniela Gassmann in einem Magazin der Süddeutschen Zeitung aus dem Jahr 2023. Und weiter: „Die entscheidende Frage ist, ob es einen anderen Weg gibt, mit sich ins Reine zu kommen." Für mich ist das keine Frage, sondern die einzige Möglichkeit, mit der du ans Ziel kommst.

Natürlich ist es sympathisch, wenn dann eine Schauspielerin wie Wolke Hegenbarth sich zeigt, wie sie ist. Auf Instagram postet sie immer mal wieder veröffentlichte Fotos von sich und spricht gleichzeitig völlig ungeschminkt in die Kamera. Der Unterschied ist teilweise so groß, dass ich sie auf den Fotos kaum erkennen kann. Da sieht sie manchmal aus wie eine geklonte Barbie-Puppe. Obwohl sie ein unverkennbar eigenwilliges Gesicht hat.

Wolke Hegenbarth berichtet, dass sie immer wieder klar macht „Keine Photoshop-Veränderungen". Denn Verbesserungen kann man die Ergebnisse wirklich nicht nennen. Aber die Verantwortlichen in den Medien halten sich nicht daran.

Oder aber Barbara Schöneberger, die sich ab und zu vor einem Fotoshooting ungeschminkt filmen lässt. Auch da ist der Unterschied enorm. Was wir aber in ihrer Zeitschrift sehen, ist Barbara aufgebrezelt, zurecht geschminkt, teuer und glamourös gekleidet in mondäner Pose.

Der schöne Schein hat Wirkung auf dich und auf mich.

Die Werbung hat da bereits wieder einen Trend erkannt. Das ungeschminkte Gesicht schöner berühmter Frauen wird für die Effektivität der eigenen Produkte genutzt. Kate Winslet zum Beispiel schminkt sich in einem Werbespot ab und ist unter dem Make-up natürlich immer noch eine schöne Frau.

Das hat Wirkung auf dich und auf mich, die wir solche Fotos sehen. Was? Die ist schon so und so alt und sieht sooooo toll aus? Will ich auch! Wir fallen wider besseres Wissen auf den schönen Schein herein.

Im Gegensatz dazu finde ich, dass wir älteren Menschen geradezu die Verpflichtung haben, gegen diese Entwicklung anzuleben. Falten mit Selbstbewusstsein zu zeigen, mit Würde die Veränderungen unserer physischen Existenz zu tragen. Denn ich sehe schon bei meiner sieben Jahre alten Enkelin die Wirkung der geschönten Klone. Sie hat Haare auf den Armen – die müssen weg. Wir gehen aus – sie will Lippenstift. Und denke nicht etwa, dass ich sie darin bestärke.

Hier möchte ich noch kurz etwas zum psychologischen Aspekt des ganzen Rummel um Anti-Aging sagen. In dem Kapitel über Quantenphysik haben wir gelernt, dass unsere Gedanken mehr Macht haben, als wir gerne möchten. Wenn wir uns also mit

ANTI–Aging beschäftigen, verstärken wir das, was wir gerade nicht wollen. Ich halte es da lieber mit dem Satz, den ich gar nicht oft genug sagen und schreiben kann: Jung bleibst du nicht mit Konservierung, sondern nur mit Energie. Dafür tue ich gerne etwas und hole mir jede Unterstützung, die ich bekommen kann.

„Das empfehlenswerteste Accessoire ist ein Buch."

Zum Abschluss noch ein Zitat der Modeschöpferin Vivienne Westwood. Immer bekannt für ihre schrägen Outfits und ihre klaren Worte: „Dieses Gewese um Schönheit wird immer unerträglicher. Die Menschen sollten sich mehr anstrengen, weniger dumm zu sein, denn das würde sie am besten kleiden. Das empfehlenswerteste Accessoire ist ein Buch."

Die Erkenntnisse aus diesem Kapitel:

1. Es gibt keine eindeutigen wissenschaftlichen Belege, dass teure Kosmetika helfen.
2. Schönheitsideale funktionieren nur, weil sie erreichbar scheinen, ohne es zu sein.
3. Gegen etwas zu sein, verstärkt nur das, was wir nicht wollen.

DIE WEICHEN STELLEN

Du musst wissen, wo du hinwillst

Den Glücksmuskel stärken

Auch Glück braucht Übung

Den Glücksmuskel? Geht´s noch? Du wirst es nicht glauben, aber der Vergleich ist gar nicht so abwegig. Wie beim Muskel wächst das Glücksempfinden durch Übung. Und wie beim Muskel kann man es auch übertreiben. Dann gibt es statt Muskelkater ein Gefühl von Überdruss und Abwehr. Irgendwann ist der Körper nämlich nicht mehr in der Lage, die Menge am Glücksbotenstoff Dopamin zu verarbeiten. Dann tritt der gegenteilige Effekt ein. Wir werden müde, erschöpft, überdrüssig. Trotzdem sind wir süchtig darauf, dem Glück nachzustreben. Also wie bei allem kommt es auch hier auf die Balance an.

Nun ist ein Muskel etwas sehr Konkretes. Glück dagegen – wie alle Gefühle – etwas sehr Flüchtiges. Da fängt der Vergleich also an zu hinken. Vermutlich genau deshalb haben sich unendlich viele Menschen im Laufe der Geschichte schon Gedanken darüber gemacht, was Glück eigentlich ist. Und sind zu höchst unterschiedlichen Einschätzungen gekommen. Wenn dich das interessiert – kannst du alles googeln. Hier nur ein paar Sätze dazu. Das Wort kommt vom mittelniederdeutschen (wurde wirklich mal gesprochen) „gelucke" und meinte, dass etwas ein gutes Ende fand. Damit trifft es eine Bedeutung, die heute noch gilt. Nämlich, dass Glück selbst erarbeitet ist, dass Glücklichsein eine Aktivität erfordert. Eine andere allgemeine Bedeutung meint eher Schicksal. „Glück gehabt" sagt man, wenn ein schöner Zufall ein gutes Ende herbeigeführt hat.

Die Frage ist, wie wirst du glücklich? Wo und wie findest du Glück? Gerade beim Älterwerden, im Alter. Wenn man Menschen fragt, was Glück für sie bedeutet, kommen Antworten wie „am Meer spazieren gehen, viel Geld, ein größeres Haus, tollen Partner oder Partnerin", und andere Dinge, die alle wunderbar sind, wenn man sie hat. Sie sind aber absolut keine Garantie auf Glück. Das kennst du doch selbst. Über das neue Auto, das du unbedingt haben musstest, hast du dich eine Weile täglich gefreut. Aber dann wurde es langsam, aber sicher zur Gewohnheit.

Das heißt, hier wird das Glücklichsein an der falschen Stelle gesucht. Nun scheint es Menschen zu geben, die überhaupt kein Thema mit dem Thema haben. Die haben einfach eine Veranlagung zum Glück. Nicht umsonst heißt ein Märchen unserer Kindheit „Hans im Glück". Darin macht Hans einen schlechten Handel nach dem anderen, bis er zum Schluss nichts mehr hat. Aber er sieht immer das Positive darin.

Tatsächlich habe ich mal von einer Studie gelesen, die behauptete, dass 50 Prozent der Veranlagung zum Glücklichsein genetisch bedingt seien, 10 Prozent von den Lebensumständen und 40 Prozent von der eigenen Aktivität abhingen. Leider finde ich die Quelle nicht mehr. Aber das würde zumindest einiges erklären.

Arm und glücklich – geht das überhaupt?

Als ich in Nepal unterwegs war, das ja bekanntermaßen zu den ärmsten Ländern der Erde gehört, war ich immer wieder erstaunt, wie Menschen, die fast nichts hatten, derart glücklich sein konnten. Vielleicht hast du eine ähnliche Erfahrung in anderen Ländern gemacht. Und wenn es stimmt, dass nur 10 Prozent unseres Glücksempfindens von den äußeren Umständen abhängen, dann ist das auch absolut einleuchtend. Im Vergleich dazu kam ich mir in Nepal geradezu miesepetrig vor.

Da stellt sich doch direkt die Frage, warum so wenige Menschen bei uns glücklich sind. Fangen wir doch mal beim Gegenteil an. Warum laufen so viele mit hängenden Mundwinkeln, zusammengekniffenen Augen und schlurfenden Schritten rum? Der österreichische Amerikaner Paul Watzlawick hat ein wunderbares Buch dazu geschrieben „Die Anleitung zum Unglücklichsein". Die bekannteste Geschichte daraus ist die mit dem Hammer:

Ein Mann will ein Bild aufhängen. Den Nagel hat er, nicht aber den Hammer. Der Nachbar hat einen. Also beschließt unser Mann, hinüberzugehen und ihn auszuborgen. Doch da kommt ihm ein Zweifel: Was, wenn der Nachbar ihm den Hammer nicht leihen will? Gestern schon grüßte er ihn nur so flüchtig. Vielleicht war er in Eile. Aber vielleicht war die Eile nur vorgeschützt, und er hat etwas gegen ihn. Und was? Er hat ihm nichts angetan; der bildet sich da etwas ein. Wenn jemand von ihm ein Werkzeug borgen wollte, er gäbe es ihm sofort. Und warum sein Nachbar nicht?

Wie kann man einem Mitmenschen einen so einfachen Gefallen ausschlagen? Leute wie der Kerl vergiften einem das Leben. Und dann bildet der Nachbar sich noch ein, er sei auf ihn angewiesen. Bloß weil er einen Hammer hat. Jetzt reicht's ihm aber wirklich. Und so stürmt er hinüber, läutet, der Nachbar öffnet, doch noch bevor der „Guten Morgen" sagen kann, schreit ihn unser Mann an: „Behalten Sie Ihren Hammer, Sie Rüpel!" (Quelle: Wikipedia)

Behalten Sie Ihren Hammer,
Sie Rüpel!

Kommt dir das bekannt vor? Hast du dich auch schon mal oder schon öfter dabei ertappt, dass du ein Karussell von negativen Gedanken im Kopf hattest, die sich plötzlich als völlig daneben herausstellten? Ich hatte vor vielen Jahren ein einschlägiges Erlebnis dieser Art.

Während des Studiums in Italien hatte ich eine Bekannte, die einen gut gehenden Schmuckhandel betrieb. Diese hatte ich mit anderen Bekannten zu meinem Geburtstag eingeladen. Jede und jeder brachte eine Kleinigkeit mit. Bis auf die Bekannte, die am meisten Geld von uns hatte, von ihr kam nur eine Karte.

Ich bin nicht stolz auf das, was ich daraufhin alles über sie dachte. Sie mag mich eben nicht. Ich bin ihr nur so eine blöde Karte wert. Dabei hat sie doch Knete ohne Ende. Da sieht man´s mal wieder, Geld haben und gleich eingebildet sein. Blöde Kuh. Mit der will ich jetzt auch nichts mehr zu tun haben und so weiter und so fort.

Bis ich eines Tages in die Buchhandlung um die Ecke ging. Die Besitzerin kam zu mir und meinte „Willst du nicht endlich deinen Gutschein einlösen?" Mehr muss ich wohl nicht sagen. Außer, dass ich mich furchtbar geschämt habe.

Ich bin mir sicher, du kennst so eine ähnliche Situation auch. Eigentlich haben wir alle schon mal so über jemanden gedacht, um dann irritiert und beschämt festzustellen, dass wir uns gründlich getäuscht hatten.

Die Frage ist, warum tut unser Gehirn das? Warum füttert es uns mit Geschichten, die auf nur wenigen Anhaltspunkten beruhen, um dann die falschen Schlüsse zu ziehen? Und die uns vor allem alles andere als glücklich machen? Eine mögliche Antwort liefern zwei durchaus umstrittene Wissenschaftler, die sich insbesondere mit der Tätigkeit unseres Gehirns beschäftigt haben. In Kürze: Sie erklären das Ich zur Illusion der linken Gehirnhälfte, die lediglich im Nachhinein dem Ich sein Verhalten erklärt. Antonio Damasio spricht dabei vom Interpreten in der linken Hirnhälfte, der Erlebnisse zu Geschichten zusammenfügt, die nicht unbedingt wahr sein müssen. Michael Gazzaniga davon, dass das linke Gehirn sich selbst überzeugen will, dass es die Kontrolle hat.

Beide Sätze erscheinen meinem Alltagsgehirn sehr logisch, und ich kann einiges an eigenen Erfahrungen (siehe oben) beisteuern, die diese Aussagen illustrieren. Uns interessiert hier auch kein Wissenschaftsstreit, sondern die Frage, warum unser Gehirn tut, was es tut. Gelegentlich gedanklich Amok laufen und ansonsten Stückchen für Stückchen Erfahrungen, Erlebnisse, Bilder zu ihm logisch erscheinenden Geschichten zusammen zu bauen. Und klar, wir glauben unseren eigenen Pressemitteilungen.

Unser Gehirn glaubt den eigenen Pressemitteilungen.

Da wir alle auch noch Reste von Reptiliengehirn in uns haben, brauchen wir unsere Geschichten, um zumindest glauben zu können, dass wir in Sicherheit sind. Denn was interessiert das

Reptiliengehirn? Nur eine Frage: Überlebe ich oder überlebe ich nicht? Gestern bin ich links von der Höhle fast dem Säbelzahntiger begegnet. Dann gehe ich doch lieber wieder rechtsrum. Das heißt, jeder Schritt aus unserer Komfortzone triggert einen ganz basalen Überlebensinstinkt. Als wäre jedes Millimeterchen weg vom sicheren Hafen bereits hoch lebensgefährlich.

Was hat das jetzt mit Glück zu tun? Ganz einfach: Wir trauen dem Glück nicht so einfach über den Weg. Nicht nur, weil wir jede Menge Erfahrungen gemacht und diese entsprechend interpretiert haben. Dazu kommt, wenn es um´s Überleben geht, ist es keine Option, sich auf unser Glück zu verlassen. Da geht es um Sicherheit, Verlässlichkeit, Komfortzone, Schutz. Ein guter Indikator darüber, was wir über etwas gleichzeitig so Wünschenswertes und Windiges wie das Glück denken, sind Sprichwörter. Sie sind das Destillat aus der kollektiven Überzeugungsarbeit. Glück und Glas – wie leicht bricht das. Mehr Glück als Verstand. Hochmut kommt vor dem Fall. Man soll den Tag nicht vor dem Abend loben. Alles, was positiv sein könnte, dem wird der Wind aus den Segeln genommen. Und zwar schnurstracks.

Es gibt in letzter Zeit so einiges an Bemühungen, uns das Glück etwas schmackhafter zu machen und als verlässlicher, auch kontrollierbarer zu präsentieren. Dazu gehört übrigens auch die Überschrift dieses Kapitels: Den Glücksmuskel stärken. Außerdem gibt es eine Reihe von Liedern. Zum Beispiel das von Max Raabe mit dem Titel „Heute ist ein guter Tag, um glücklich zu sein …“ Schwungvoll und zum Mitsingen geeignet lässt er sich über das Glück aus und wie er es behandeln will. Bis zu den Zeilen: „Jetzt sitzt das Glück schon so lang auf der Couch. Ich fühl mich sehr wohl, doch dann denke ich autsch. Langsam kommt das schlechte Gewissen, werden andere das Glück jetzt nicht vermissen?“ Da hat es uns wieder eingeholt. Glück ist nicht nur unzuverlässig, es ist auch begrenzt. Wenn ich Glück habe, kannst du keines haben. Hallo? Jetzt wird es mir aber zu bunt.

Deshalb wenden wir uns jetzt sofort dem zu, was wir in der Hand haben. Du erinnerst dich? 40 Prozent sollen ja selbstgemacht sein. Packen wir´s an. Nur wie? Das ist die große Frage.

Wenn ich Glück habe, kannst du keines haben – oder?

Der erste Ratschlag, der in der Regel kommt, lautet LOSLASSEN!!! Groß geschrieben und mit drei Ausrufezeichen. Konntest du schon mal auf Befehl loslassen? Richtig, ich auch nicht. Der Tipp bringt uns schon mal nicht weiter. Was also dann?

Positiv denken steht auf der Liste der Ratschläge auch ganz weit oben. Nur wie bitte mache ich mir gute Gedanken, wenn 95 Prozent von allem, was ich so denke, unbewusst stattfindet? Ich bin glücklich, ich bin glücklich, ich bin glücklich in Endlosschleife, wie von manchen Gurus empfohlen wird? Auch das habe ich ausprobiert. Bei mir hat es – so zumindest – eher zum Gegenteil geführt. Bei der weiteren Beschäftigung stellte sich dann heraus, dass ich es ganz falsch angegangen bin. Dass ich mir ein viel zu großes Ziel ausgesucht hatte, dem ich nicht wirklich glauben konnte.

Als effektiver hat sich eine ganz konkrete kleine Übung herausgestellt. Nämlich beim Spazierengehen im Rhythmus der Schritte vor mich hinzumurmeln „Leicht und beschwingt, gut gelaunt und optimistisch durch den Tag". Das war zu einer Zeit, als ich eine starke Tendenz zur Depression hatte. Das ist jetzt auch noch nicht der Glücksbrüller, hat meine Stimmung insgesamt aber deutlich aufgehellt.

Meine Erfahrung wird unterstützt von Untersuchungen, die davon ausgehen, dass wir nur mit wirklich kleinen Schritten Gewohnheiten dauerhaft verändern können. Die Gewohnheit, die hier gemeint ist? Natürlich aus der Negativspirale auszuscheren. Ein weiterer kleiner Schritt wäre, sich täglich auf das zu besinnen, wofür du dankbar sein kannst. Und wenn es „nur" so selbstverständlich scheinende Dinge wie die ersten Tulpen oder die warme Wohnung sind.

Kurzer Hinweis auf Methoden, die du später genauer kennenlernst.

Jeden Tag drei Dinge aufschreiben und gleich dazu notieren, warum du dafür dankbar bist. Am Anfang scheint so überhaupt nichts zu passieren. Jajaja, höre ich schon deinen Einwand. Jetzt habe ich fünf Tage ein Dankbarkeitstagebuch geführt und was hat sich getan? Nix! Also nicht so ungeduldig. Das ist wie mit Zins und Zinseszins. Lange passiert anscheinend gar nichts. Das nennt der Autor James Clear in seinem Buch „Die 1 % Methode" das Tal des schlummernden Potentials. Hier heißt es einfach nur weitermachen, weitermachen, weitermachen. Irgendwann zeigt sich das Ergebnis dann in all seiner Schönheit. Du bist dann mit einem Grundgefühl von Glücklichsein gesegnet. Versprochen.

Eine andere sehr effektive Methode, das Gedankenkarussell zu stoppen, hat die Amerikanerin Byron Katie gefunden. „The Work" nennt sie diese Methode und beschreibt sie ausführlich in dem Buch „Lieben was ist". Die Methode funktioniert so, dass du ungefiltert alles aufschreibst, was du zu einem bestimmten Punkt so denkst. Dann fragst du dich Satz für Satz „Ist das wahr? Kann ich 100 Prozent wissen, dass das wahr ist? Wie reagiere ich auf diesen Gedanken? Wer wäre ich ohne diesen Gedanken?" Und am Ende kehrst du den Satz in sein Gegenteil um. Hört sich kompliziert an und ist es am Anfang auch. Aber für mich war das ein ganz entscheidender Schritt zu mehr Gelassenheit. Insbesondere in Bezug auf meine Ehe.

Der Partner ist ja ein beliebter Grund, der uns an unserem Glück hindert. Er räumt nie die Socken weg, spült die Tassen niemals gründlich aus, dreht die Zahnpastatube garantiert nicht zu. Bei genauerem Hinschauen stellt sich dann raus, dass die Socken ab und zu doch aufgehoben werden, die Tassen gelegentlich sauber sind und die Tube von Zeit zu Zeit ordentlich zugedreht ist. Der Vorwurf stimmt also nur zum Teil.

Und wie reagierst du, wenn du nur das wahrnimmst, was nicht klappt? Du bist sauer und verscheuchst damit das kleine Glücksgefühl beim nach Hause kommen garantiert in die hinterste Ecke. Ohne diesen Gedanken würdest du die Socken entspannt liegenlassen oder selbst in den Wäschekorb tun.

Ja aber, das ist doch seine Sache höre ich da. Tja. Wenn er aber nicht handelt? Wer hat dann das blöde Gefühl? Du! Nicht umsonst heißt es in unserer Sprache so entlarvend „Ich ärgere mich". Niemand sonst ärgert dich. Nur du dich. Lass dir das mal so richtig auf der Zunge zergehen. Stimmt doch – oder?

Und wenn du ganz ehrlich bist: Auch du lässt gelegentlich was rumliegen, spülst nicht richtig ab, drehst was nicht richtig zu. Dann könnte dein Gegenüber sich genauso in eine Negativspirale hinein aufregen. Lohnt sich das?

Das waren jetzt ein paar handfeste Hinweise, die den nicht vorhandenen Glücksmuskel stärken können. Weiter hinten im Buch gehe ich etwas gründlicher auf das Thema ein.

Die höheren Weihen sind eher spiritueller Natur. Das Gefühl nach einer gelungenen Meditation zum Beispiel. Pures Glück. Im Englischen heißt das Bliss, was wir eher mit Entzücken übersetzen würden. Das war bei den Mystikern im Mittelalter ein wichtiges Thema. Nun ist es ja mit der Meditation wie mit vielem anderen auch – leichter gesagt als getan. Wenn du eh schon verspannt bist, führt Meditation unter Umständen zu mehr Verspannung. Außer, du bist sehr geübt.

Aber wenn nicht, kann ich es dir nur ans Herz legen. Und zwar in winzig kleinen Schritten. Zum Beispiel, indem du von 10 rückwärts bis 1 zählst und dann zunächst mal eine Minute lang nur auf deinen Atem achtest. Dann die schon erwähnten fünf Minuten. Allmählich dehnst du diese Zeit aus. Das kann ein Einstieg in Meditation sein.

Oder du lädst dir geführte Traumreisen runter. Auch das ist eine gute Möglichkeit, in das Gefühl von Flow zu kommen. Denn der Flow kennzeichnet dieses Gefühl von Glückseligkeit, wie der ungarische Glücksforscher mit dem unaussprechlichen Namen schon vor Jahrzehnten herausgefunden hat. Flow kannst du bei jeder Tätigkeit erleben, auf die du dich voll und ganz konzentrierst. Maria Montessori nannte das die Polarisation der Aufmerksamkeit. Und das macht glücklich.

Und die vorhin erwähnten höheren Weihen von Glück? Wie? Was? Ja, das gibt es tatsächlich. Hast du schon einmal den Dalai Lama oder einen anderen Vertreter des Buddhismus erlebt? Die strahlen reine Glückseligkeit aus, begleitet von dem, was man das kosmische Lachen nennen könnte.

Ich bin sonst noch nie jemandem begegnet, dem Glück aus allen Poren leuchtete. Und damit riesige Säle anstecken kann. Ohne Tamtam und aufpeitschende Musik oder was sonst so die Hilfsmittel sind, die westliche Redner nutzen, um einen Saal in Stimmung zu bringen.

Wie man dahin kommt? Ich habe keine Ahnung, finde es nur inspirierend, dass es das überhaupt gibt. Und vielleicht ist es auch kein Zufall, dass ein anderes asiatisches Land das Glück in seine Politik aufgenommen hat, nämlich als Bruttonationalglück.

Kennst du nicht? Das kleine Land Bhutan, das im Himalaya zwischen Indien und China eingeklemmt liegt, hat zum Ziel seiner Wirtschaftspolitik nicht das Bruttosozialprodukt, sondern das Bruttonationalglück deklariert. Also eine Wirtschaftspolitik, die nicht – wie bei uns – in erster Linie auf Geldvermehrung, sondern auf Wohlbefinden für alle zielt.

Bruttonationalglück statt Bruttosozialprodukt

Im Privaten könnten wir uns von dieser Haltung schon mal ein Stückchen inspirieren lassen. Weniger kaufen, mehr sein. Aber wem sage ich das.

Wenn du jetzt gehofft hast, mehr Turnübungen für den Glücksmuskel zu bekommen, habe ich dich enttäuscht. Denn Tatsache ist, die kleinen Dinge und die stete Wiederholung sind es, die uns auf diesem Gebiet weiterbringen. Die tägliche Übung, die tägliche Überprüfung der eigenen negativen Gedanken. Und da ist es fast egal, welche Methode du wählst.

Kurz gesagt: Wenn du Chef in deinem Kopf wirst, bist du auf dem besten Weg. Dazu gleich mehr. Und oft hilft es, sich dazu eine gute Begleitung zu suchen. Denn es gibt da so ein kleines Tier, das jede Veränderung sabotiert. Auch das nehmen wir uns in einem späteren Kapitel vor.

Die Erkenntnisse aus diesem Kapitel:

1. Auch Glück ist eine Frage der Übung.

2. Zu viel Übung erzeugt allerdings Überdruss.

3. Viele kleine und kleinste Schritte sind besser als wenige große.

4. Unser Gehirn glaubt alles, was es sieht oder hört. Es muss nur oft genug sein.

Chef im eigenen Kopf

Ein paar Hinweise, um genau das zu werden

Warum machen nicht nur unsere eigenen Erfahrungen, sondern auch die Erfahrungen anderer, Beobachtungen oder Geschichten in Büchern, vor allem aber Filme so einen großen Eindruck auf unser Gehirn, dass es alles glaubt, was es sieht? Uns interessiert hier natürlich vor allem das Thema „Frech, wild und wunderbar jung bleiben“.

In unserer Gesellschaft schwirren Bilder und Geschichten über das Älterwerden herum, da kannst du nur verzweifeln. Wir werden bombardiert mit Bildern, die so tun, als ob der Rollator zwangsläufig auf uns zukommt. Aber warum glauben wir sie?

Lange gab es keine Erklärung dafür. Bis die Spiegelneuronen entdeckt wurden. Wie so oft in der Wissenschaft war ihre Entdeckung ein Zufall. Ein Affe hatte für ein anderes Experiment Elektroden im Gehirn. Soll übrigens völlig schmerzfrei für den Affen gewesen sein.

Dann legte man dem Affen eine Erdnuss vor und beobachtete, was er tat. Wenn er die Erdnuss nahm, wurde ein Bereich im Gehirn aktiv. Und zwar der Bereich, der für das Planen von Handlungen zuständig ist. Griff ein anderer Affe danach, wurde dieselbe Aktivität beobachtet. Sah der Affe einem Menschen dabei zu, passierte abgeschwächt dasselbe. Der Affe sah die Handlung und hatte gleich den Impuls „Das will ich auch!“

Wir Menschen tun übrigens nichts anderes. Von Kindheit an beobachten wir die Umwelt und ahmen sie nach. Auch heute noch:

Wenn dich jemand anlächelt, lächelst du automatisch zurück. Dasselbe passiert, wenn jemand gähnt, dann gähnst du auch. Automatisch. Kannst du gar nicht verhindern.

„Das liegt daran, dass die Spiegelneuronen die Handlungen, die Körpersprache und die Mimik und Gestik von anderen Menschen sehr genau wahrnehmen. Sie sorgen somit dafür, dass Menschen mitfühlend sein können." (studysmarter.de) Wie du oben schon gelesen hast, nicht nur Menschen, auch Tiere. Das kennen zum Beispiel alle Hundebesitzer. Den treuen Dackelblick sollen Hunde vom Menschen abgeschaut haben.

Auch bei Kindern kannst du das sehr gut selbst beobachten. Meine Enkelin hat mich immer genau angeschaut, wenn ich morgens ein Smoothie mit Vitalstoffen vorbereitet habe. Eines Tages hat sie zielsicher genau dieselben Bewegungen beim Trinken gemacht wie ich. Später hat sie mit einer perfekten Imitation meiner Bewegungen selbst Smoothie zubereitet. Kinderleicht mit dem entsprechenden Gerät. Durch die Spiegelneuronen lernen wir Menschen auch Empathie. Und das ist ja eine unserer sozialsten Eigenschaften.

Leider lernen wir auch alles mögliche andere, was nicht so günstig ist. Wenn wir also Bilder von schön ergrauten Menschen sehen, die strahlend auf dem Treppenlift schweben, dann speichert unser Gehirn das ab. Und wir sind der festen Überzeugung, dass das so sein muss. Ab einem bestimmten Alter.

Neulich war ich auf einem Treffen der SilberPreneure. Das ist eine Facebook Gruppe für Unternehmer ab 50. Wir stellten uns gegenseitig vor, was wir so machen. Neben mir saß ein Mann um die 60, der freudig verkündete, dass er Rollatoren verkauft. „Braucht ja jeder irgendwann", kommentierte er seine Vorstellung. Ich daraufhin: „Das ist für mich überhaupt keine Option. Da denke ich noch nicht mal drüber nach." Das fand er fahrlässig. Aber ich bin so überzeugt davon, dass ich durch die Art, wie ich denke und lebe, sehr genau bestimmen kann, wie ich alt werde, dass das an mir abperlt.

Nun habe ich schon länger geübt. Deshalb beeinflussen mich solche Aussagen nicht mehr so stark. Aber wenn du Neuling bist auf diesem Feld, dann besteht die Gefahr, dass du doch wieder zweifelst und eher zu dem tendierst, was dir tagtäglich vorgeführt wird: Selbst bei bester Gesundheit führt kein Weg an Windeln vorbei. Hallo? Geht´s noch?

Erinnere dich an das Kapitel über die Quantenphysik. Deine Gedanken beeinflussen sogar deine Pflanzen. Von Materie wollen wir jetzt mal nicht reden. Das scheint eher was für Fortgeschrittene zu sein. Aber halten wir fest: Deine Gedanken sind mächtig. Und am mächtigsten ist ihr Einfluss auf dich selbst.

Gut. Jetzt wissen wir also, woran es liegt, dass du alles glaubst, was du denkst. Vielleicht führt das dazu, dass du dich jetzt etwas überwältigt zurücklehnst und beschließt, dass dann ja doch alles keinen Zweck hat. Ist ja alles vorprogrammiert in unserem Gehirn.

Einfach, aber nicht leicht.

Doch das wäre ein großer Fehler. Denn jetzt wird es spannend. Auch scheinbar feststehende Verhaltensmuster lassen sich beeinflussen. Und dazu gibt es eine wunderbare Methode.

Sie wurde in Deutschland von Rainer und Regina Franke mit dem Titel „Klopfen Sie sich frei“ bekannt gemacht. Die Methode ist einfach, aber nicht leicht zu erklären. Deshalb empfehle ich dir das oben genannte Buch oder aber den Folgeband „Sorgenfrei in Minuten", wenn du mehr darüber wissen willst. Es lohnt sich.

Vor allem das Kapitel im letztgenannten Band über das Altern hat es mir angetan „Erfülltes Altern mit METhusalem". Ein kleines Wortspiel. MET steht hier für Meridian-Energie-Techniken. Und die Autoren beschreiben, wie mit Hilfe der Klopftechnik die Energie deiner Meridiane so beeinflusst werden kann, dass sich Blockaden auflösen. Egal ob im Denken oder im Körper oder in der Psyche. Hier ein kleiner Ausschnitt, den ich sehr erhellend finde: „Fragen Sie ruhig mal einen Dreißigjährigen nach seinen Zukunftsplänen. In der Regel erhalten Sie eine Antwort, die etwa so lautet: Ich muss noch fünfunddreißig Jahre arbeiten, dann gehe ich in Rente, naja und dann mach ich mir noch ein paar schöne Jahre, so Gott will."

Und die Autoren fragen weiter: „Wäre es nicht viel wünschenswerter, er oder sie würde sagen: Die Arbeit macht viel Spaß, wann ich aufhöre, weiß ich noch gar nicht. Mit fünfzig starte ich auf jeden Fall nochmal so richtig durch … und mit hundert mache ich dann mal wieder eine Weltreise."

Jetzt kommt´s: „Blödsinn, sagt Ihr Inneres? So alt wird doch sowieso keiner, ich schon gar nicht. Und wenn, dann bin ich in dem Alter so klapprig, dass ich mich freue, wenn sie mich im Heim sonntags mal in den Garten rollen … Und so fangen wir denn in der Regel spätestens mit Ende fünfzig an, uns in aller Ruhe auf das Ende vorzubereiten."

Die Autoren empfehlen – ganz in meinem Sinne – uns jung zu denken. Da ist es vorrangig, die Glaubenssätze, die dich gebrechlich und unflexibel werden lassen, umzuwandeln. Auch das völlig in meinem Sinne. Ich freue mich über jede Information und Erfahrung, die meine These bestätigt. Rainer und Regina Franke benennen dann eine Reihe von heilenden Sätzen. Zum Beispiel diesen: Obwohl ich glaube, dass ich meinen Alterungsprozess nicht beeinflussen kann, liebe und akzeptiere ich mich so, wie ich bin. Und dann wird der Satz abgewandelt und dabei der Körper in einer bestimmten Reihenfolge „beklopft". Dein Glaube, dass du deinen Prozess des Alterns nicht selbst bestimmen kannst, löst sich so auf wunderbare Weise auf.

Tut mir leid, dass ich dir hier den Mund wässrig mache und dann nicht genauer darauf eingehe. Ich mogele mich hier durch, indem ich dich bitte, dir die Bücher zu besorgen. Denn ich habe mit dieser Technik schon die eine oder andere Befürchtung in meinem Leben weggeklopft. Ich kann das Vorgehen also durchaus empfehlen. Es zu beschreiben würde hier allerdings die Grenzen sprengen.

Übrigens ist es gar nicht so unwahrscheinlich, dass in Zukunft sehr viel mehr Menschen 100 Jahre alt werden. Die Zeitschrift *Brandeins* habe ich ja schon mal erwähnt. „Was, wenn wir alle hundert werden?", diese interessante Frage war Titelthema. Es wurden auch gleich eine Reihe Leute dazu interviewt. Und erhellende Antworten gefunden. Zum Beispiel diese: „Erschreckend. Denn es wird ja nicht der beste Teil des Lebens verlängert, sondern eher der mühsame."

Da haben wir es mal wieder. Wenn du so denkst, dann wird genau das eintreten. Wer sagt denn, dass das zwangsläufig der mühsame Teil werden muss? Was, wenn wir alle lernen, besser mit uns selbst umzugehen? Vor allem mit unserem Kopf. Wie viel Zeit verbringst du vor dem Fernseher? Und wie viel Zeit damit, Chefin in deinem Hirn zu werden?

Oder mit unserem Körper. Ihn besser zu nähren zum Beispiel? Mal ehrlich: Gibst du für gesundheitliche Prophylaxe genau so viel Geld aus wie für dein Auto? Die meisten werden hier Nein sagen müssen.

Die Erkenntnisse aus diesem Kapitel:

1. Wir müssen nicht an die Zwangsläufigkeit von Rollator & Co glauben.

2. Den mächtigsten Einfluss haben deine Gedanken auf dich selbst.

3. Je besser du für dich sorgst, desto leichter wird das Älterwerden.

Der innere Schweinehund

… und wie wir ihn überlisten

Du hast jetzt so einiges gelesen, das vielleicht auch dein Bild vom Älterwerden gegen den Strich gebürstet hat. Das allein nützt aber herzlich wenig, denn leider führt kein Weg daran vorbei: Um dauerhaft etwas zu ändern, nützt das Erkennen und für Gutbefinden alleine nicht viel. Jetzt steht Arbeit an. Nämlich die, deine Gewohnheiten zu ändern, sonst meldet sich bei jeder Gelegenheit das nette kleine Tierchen namens Schweinehund.

Deshalb zunächst einmal ein paar grundsätzliche Informationen zu Gewohnheiten. Die kommen natürlich auch nicht von ungefähr. Wir haben sie uns – wie das Wort schon sagt – angewöhnt.

Die gute Nachricht ist, du kannst sie dir auch wieder abgewöhnen, wenn sie deinem Ziel, immer im besten Alter zu sein, nicht dienen.

Hier wird schon klar: Du brauchst ein Ziel. Meines ist wie oben genannt: Ich will immer im besten Alter sein. Auch heute mit 78 Jahren. Deines lautet vielleicht anders. Vielleicht willst du einfach nur beweglich bleiben oder beweglicher werden. Oder du möchtest neue Freunde finden. Oder was auch immer.

Egal, worum es sich handelt, jede Gewohnheit lebt davon, dass sich die immer gleiche Schleife wiederholt. Es gibt einen Auslöser, z. B. einen bestimmten Ort, eine bestimmte Uhrzeit, ein Gefühl oder Ereignis. Dann ergibt sich eine Routine, d. h. du verfällst sofort zum Beispiel nach Arbeitsschluss in die Gewohnheit zu rauchen, zu fluchen, Kaffee zu machen oder was auch immer. Gefolgt von der Belohnung z. B. die Zigarette, Dampf ablassen, Koffein aufnehmen.

Was du dir angewöhnt hast, kannst du dir auch wieder abgewöhnen.

Um das an einem Beispiel zu verdeutlichen, nehmen wir an, du machst es dir gerne nach der Arbeit am späten Nachmittag gemütlich. Das wäre der Auslöser. Am liebsten im Ohrensessel vor dem Fernseher. Da kannst du so wunderbar entspannen. Angenehmes Ende eines Arbeitstages. Das hat sich dann irgendwann als Routine etabliert. Und gekrönt wird es dann von der Belohnung, zum Beispiel einem Gläschen Sherry, um schneller loszulassen. Über kurz oder lang wird 17 Uhr, Sherry, Sessel und Fernseher zu einer fest verbundenen Kette. Pünktlich um fünf wird die Flasche hervorgeholt, der Fernseher eingeschaltet und du lässt dich mit einem Seufzer in den Sessel fallen. Irgendwann ist es dann egal, was zuerst kommt, das Gläschen Sherry, der Fernseher, der Sessel. Die Kombination ist unschlagbar.

Und genau darin liegt die Belohnung, weil dadurch der Botenstoff Dopamin ausgeschüttet wird. Diese Belohnung ist die Grundvoraussetzung, damit sich eine Gewohnheit etabliert.

Dagegen lässt sich grundsätzlich nichts sagen. Außer du stellst irgendwann fest, dass dir Alkohol um diese Zeit nicht mehr bekommt. Oder du insgesamt gesünder leben möchtest. Zum Beispiel den Tag mit einem großen Glas Wasser anfangen willst.

Ändern kannst du das nur, indem du die Routine und damit die Belohnung ersetzt. Einfacher gesagt als getan. Wie meinte Mark Twain so schön? „Eine Gewohnheit kann man nicht aus dem Fenster werfen. Man muss sie die Treppe runter boxen, Schritt für Schritt."

Gut, fangen wir an zu boxen. Zunächst einmal brauchst du zum Boxen ein Gegenüber. Das kann je nach Typ der beste Freund sein oder aber ein Erfolgstagebuch. Da steht dann zum Beispiel „Hurra! Heute habe ich Orangensaft statt Sherry getrunken". Du kannst auch Freunde bitten, dich für jeden Schritt in die richtige Richtung über den grünen Klee zu loben. Oder missbilligend zu seufzen, je nachdem.

> Eine Gewohnheit musst du
> die Treppe runter boxen.

Die nächste Runde wird eingeläutet, indem du einen neuen Auslöser wählst. Also nach der Arbeit erst einmal spazieren gehst. Ohrensessel und Fernseher stehen dann erst nach dem Abendessen auf dem Programm.

Da aber die Willenskraft bei den meisten Menschen morgens am stärksten ist, fängst du besser morgens mit dem Glas Wasser an. Das Dumme ist nur, dass die alte Routine noch mehrere Wochen nach Entschluss stärker ist als die neue. Deshalb hilft ein Mantra beim Umsetzen. Zum Beispiel „Ich liebe es, morgens Wasser zu trinken“ oder „Ich liebe meinen Spaziergang nach der Arbeit“. Bestimmt fällt dir ein Text ein, der etwas schmissiger ist als mein etwas lahmer Vorschlag hier. Ich nutze ja am liebsten Reime als Mantra. Nur „Geht es noch krasser? Ich trink am Morgen Wasser!“ überzeugt selbst mich nicht besonders.

Als dritte Runde im Boxring fehlt jetzt noch die Belohnung. Denn ohne diese bildet sich keine neue Gewohnheit aus. Unser Hirn nutzt Routinen, um an die heiß begehrte Belohnung und damit das Dopamin zu kommen. Das Verlangen danach treibt die Gewohnheitsschleife an. Deine Belohnung muss nicht unbedingt aus einem Gläschen Sherry bestehen. Ein schöner Tagtraum oder ein Lied tun es auch. Und sind allemal gesünder.

Jetzt kann es ja sein, dass du genau weißt, diese oder jene schlechte Angewohnheit solltest du dringend ändern. Du hast dir aber angewöhnt, solche Gedanken schnell wegzuschieben. Weil sie lästig sind, weil es Mühe macht, weil sich ja immer wieder gezeigt hat, dass solche Gedanken zu gar nichts führen. Unwichtig sind. Wie kannst du also feststellen, ob diese Eingebung diesmal die richtige ist?

Dazu kannst du deine Intuition nutzen. Das ist wieder so eine etwas schwammige Fähigkeit, die viele gar nicht entwickelt haben. Kann sein, dass du dazu gehörst. Oder aber du hast schon Erfahrung damit, die ist aber so wackelig, dass du dich nicht traust, dich wirklich darauf zu verlassen.

Den inneren Schweinehund zu überwinden, ist immer ein Schritt aus der Komfortzone heraus. Und dieses nette Tierchen ist überaus gewitzt, um dir immer wieder einzureden, dass (siehe oben) es ja doch nichts bringt. Oder gar gefährlich ist, deiner Gesundheit eher schadet als guttut und so weiter und so fort.

Wenn du Angst oder Zweifel hast, ist das keine Intuition.

Deshalb wäre es ganz prima, wenn du hier ein paar Hinweise bekommen könntest, wann du dich in der Komfortzone (also in deiner Konditionierung) und wann im Reich der Intuition befindest. Das ist nicht einfach herauszufinden.

Nur eines kannst du mit Sicherheit erkennen: Wenn Angst oder Zweifel mitmischen, handelt sich auf keinen Fall um Intuition. Immer wenn du ängstlich wirst oder dauernd zweifelst, handelt es sich mit größter Wahrscheinlichkeit um Konditionierung. Also um angelerntes Verhalten, das seit Jahrzehnten deinen Selbstwert untergräbt.

Denn Selbstwert gibt es leider nicht als Unterrichtsfach und die Sedimentschichten von Warnungen und dir nichts Zutrauen sind stark. Zweifel, Sorgen, Ängste können nicht sofort beseitigt werden, denn man kommt nicht immer gleich über Konditionierungen hinweg. Manchmal kann man sich bewusst entscheiden, dem dennoch nachzugeben, weil es im Moment zu anstrengend ist. Aber du weißt dann, dass es Konditionierung ist. D. h. du musst dich nicht für jede Sorge ausschimpfen oder dich zwingen, sie beiseitezulassen.

Manchmal ist es allerdings sinnvoll, genau das zu tun. Also dich zwingen, die ganzen Zweifel zu ignorieren. Denn die Konditionierung nicht gewinnen zu lassen, kann eine sehr gute Erfahrung werden, weil sie dich stärker macht.

Jetzt ist es ja so, dass du nicht immer in Angst und Zweifel stürzt, wenn du die Komfortzone verlassen willst. Dann wird es ziemlich schwierig zu entscheiden, ob du jetzt deiner Intuition folgst oder dem inneren Schweinehund, der ja bekanntlich für die Komfortzone verantwortlich ist und sie mit Zähnen und Klauen verteidigt.

Du stehst zum Beispiel vor einer Entscheidung. Dein Kopf sagt ganz klar „Lass es". Wer aber spricht hier? Komfort oder Intuition? Die unangenehme Wahrheit ist, dass du das nicht unterscheiden kannst. Unser netter kleiner Begleiter stellt sich ja nicht hin und bellt: „Ich bin´s, dein Schweinehund." Dann macht es – wie fast immer – Sinn, eine Person deines Vertrauens zu fragen. Denn von außen lassen sich die versteckten Signale und Gedanken besser erkennen.

Das Plateau des schlummernden Potenzials

So viel mal grundsätzlich zum Thema. Jetzt habe ich ja versprochen, dass du den inneren Schweinehund überlisten kannst. Und da gibt es in meinen Augen nichts Besseres als die „1 % Methode" aus dem gleichnamigen Buch von James Clear. Er macht die Wirksamkeit am Beispiel eines Eiswürfels deutlich. Also: In einem Zimmer herrscht eine Temperatur von minus 4 Grad. Mitten im Zimmer liegt ein Eiswürfel auf dem Tisch. Jetzt steigt die Temperatur im Zimmer allmählich an. Auf -3,5 Grad, dann auf -2, auf -2,5 Grad und es passiert nichts. Gar nichts. Die Temperatur steigt weiter, auf -1 Grad, dann auf -0,5 – immer noch nichts. Dann wird es 0 Grad und das Eis beginnt zu schmelzen.

Ich finde das ein wunderbares Bild für unsere Situation, wenn wir eine Gewohnheit ändern wollen. Es passiert lange nichts, wir bleiben geduldig. Dann passiert immer noch nichts und wir werden leicht ungeduldig. Wenn dann weiter (scheinbar) nichts passiert, geben wir unter Umständen auf. Dabei hätte es nur noch ein halbes Grad gebraucht und wir hätten den Erfolg gesehen. James Clear nennt diesen Zustand das Plateau des schlummernden Potenzials (habe ich schon mal erwähnt).

Beim Verändern von Gewohnheiten geht es also darum, dieses Plateau durchzustehen, dranzubleiben, egal, was die vermeintliche Intuition oder der innere Schweinehund so dazwischen quatschen.

Und was noch wichtig ist beim Ansatz von James Clear: Es geht nicht darum, alles auf einmal umzuschmeißen. Aber es geht darum, die kleinen Änderungen „durchzuboxen". Wenn du also gesünder leben willst, dann fang mit dem Glas Wasser am Morgen an. Halte das mindestens drei Wochen durch. Erst dann gehst du zum nächsten Schritt, der vielleicht lautet: Jeden Mittag tausend Schritte laufen. Du kennst ja den Spruch „Nach dem Essen sollst du ruh´n oder tausend Schritte tun." Im besten Fall tust du beides. Erst laufen, dann ruhen.

An dem Beispiel wird hoffentlich deutlich, dass Veränderungen winzig sein dürfen und sogar sollten. Warum? Weil wir den inneren Schweinehund austricksen wollen. Der liegt nämlich auf der Lauer und kriegt die Krise, wenn sich zu viel auf einmal ändert. Wenn wir aber immer nur ein Prozent verändern, merkt der gar nichts davon. Und du kannst in Ruhe weiter dein Ziel verfolgen. Irgendwann kommst du an und der Schweinehund hat die ganze Entwicklung verschlafen. Das sind doch gute Aussichten – oder?

Die Erkenntnisse aus diesem Kapitel:

1. Unser Gehirn ist süchtig nach Dopamin, auch deshalb liebt es Gewohnheiten.

2. Es reicht, immer nur 1 Prozent zu verändern. Dann aber dranbleiben.

3. Wenn Ängste mitspielen, handelt es sich nicht um Intuition, also deine innere weise Stimme.

Einfach so dankbar sein?

Was, wenn du keinen Grund dafür siehst?

„Dankbarkeit ist der Gamechanger", diesen und ähnliche Sätze hörst du immer wieder. Und vielleicht fragst du dich leicht genervt, wofür du eigentlich dankbar sein sollst. Der Job nervt, dein Partner ist auch nicht mehr das, was er mal war und die Nachbarn? Laut, unhöflich und alles andere als angenehm. Füge alles hinzu, was dich sonst noch stört.

Also, um dankbar zu sein, braucht es schon etwas mehr – oder?

Gut, wenden wir uns also mal wieder der Wissenschaft zu. Die sagt nämlich eindeutig, dass Dankbarkeit dich glücklicher macht. Du hast richtig gelesen: DICH und niemanden sonst. Wir haben ja im Kapitel über die Geschenke schon gelernt, dass jeder Gedanke Energie ist. Und in der Folge auch jedes Gefühl. Und Energie ist Schwingung. Jetzt hat jedes Gefühl aber eine unterschiedliche Schwingung. Forschungen von Dr. Joe Dispenza und anderen Wissenschaftlern haben nämlich gezeigt, dass diese Schwingung umso höher ist, je angenehmer das dazugehörige Gefühl ist.

Schmerz, Begierde sind da ganz unten auf der Liste, dicht gefolgt von Opferhaltung und Leiden. Dann kommen Schuld und Scham. Alles sehr niedrig schwingende Frequenzen. Angst und Wut schwingen da schon etwas höher. Aber wirklich nur ein bisschen. Gefolgt von dem Gefühl, alles kontrollieren zu müssen und dem Gefühl, machtvoll zu sein.

Willenskraft erzeugt schon sehr viel mehr Energie. Aber erst ab dem Gefühl der Dankbarkeit wird die Schwingung wirklich schnell und leicht. Dann geht es weiter mit Wertschätzung, Freude, Liebe, Freiheit und ganz oben mit der Glückseligkeit. Wie du im Kapitel über den Glücksmuskel schon gelesen hast, ist das die Steigerung von Glück.

Dr. Joe Dispenza sagt dazu: „Wir können uns Emotionen als Energie in Bewegung vorstellen. Die Energie eines Menschen, der eine starke Emotion verspürt und in ein Zimmer tritt, ist … oft sehr spür- und greifbar." Diese Erfahrung kennst du sicher auch. Da kommt jemand wütend auf dich zu und schon bist du selbst in einem anderen Gefühl. Vielleicht bekommst du Angst oder du wirst selbst wütend.

> Denkst du heute dasselbe wie gestern,
> ist dein Morgen derselbe wie gestern.

Andererseits kennst du auch die Situation, wenn jemand völlig mit sich im Reinen ist. Du entspannst dich selbst ein bisschen in der Gegenwart einer solchen Person. Dieser Ansatz erklärt, warum wir das Charisma eines Menschen sofort spüren und uns davon mitreißen lassen.

Umgekehrt zieht es uns runter, wenn wir jemandem begegnen, der immer wieder seine Verletzungen, seinen Zorn auf das wiederholt, was vor Jahren oder vorgestern passiert ist. Dr. Dispenza meint dazu: „Erschaffen wir also Tag für Tag immer wieder die Vergangenheit, denken die gleichen Gedanken und fühlen dieselben Emotionen, dann senden wir auch immer wieder das gleiche elektromagnetische Feld aus – das heißt, dieselbe Energie mit derselben Botschaft. Auf der energetischen und Informationsebene bleibt also der Informationsgehalt unserer gleichbleibenden Energie der Vergangenheit gleich und erzeugt damit auch dieselbe Zukunft."

Kurz gesagt, wenn du heute dasselbe denkst wie gestern, wird deine Zukunft sein wie deine Vergangenheit war. Denn mit jedem Gedanken reproduzierst du das dazugehörige Gefühl. Und du wunderst dich vielleicht, weil du nicht weiterkommst, obwohl du doch so ein wunderschönes Visionboard gestaltet oder dir in Tagträumen immer wieder das Traumleben am Strand vorgestellt hast.

Und genau hier kann dir Dankbarkeit weiterhelfen. Wenn dein Alltag noch so öde ist, es gibt immer etwas, wofür du dankbar sein kannst. Dass du ein Dach über dem Kopf hast, zum Beispiel. Dass du genügend zu essen hast. Dass du dich warmhalten kannst. Ich setze das einfach mal voraus, denn wenn dir diese drei grundlegenden Dinge fehlen, dann hast du andere Sorgen als dieses Buch zu lesen.

Dankbarkeit reduziert
die negativen Gedanken.

Halten wir fest: Dankbarkeit kann tatsächlich eine enorm positive Wirkung auf dich haben. Diese Übung wirkt sich auf deine Psyche, dein Wohlbefinden und die Gestaltung deines Lebens aus. Indem du dich bewusst auf das konzentrierst, wofür du dankbar bist, kannst du deine Stimmung verbessern. Und vor allem negative Gedanken reduzieren. Denn das wissen wir ja jetzt. Die negativen Gedanken sind es in erster Linie, die uns runterziehen.

Ich kann dir allein aus meiner eigenen Erfahrung sagen, dass ich mich deutlich glücklicher fühle, seitdem ich abends regelmäßig aufschreibe, wofür ich an diesem Tag dankbar bin. Und wenn sich an einem speziellen Tag anscheinend so gar nichts Schönes finden lässt, dann greife auch ich auf das Dach über dem Kopf, das ausreichende Essen und die funktionierende Heizung zurück. Denn auch bei mir gibt es Tage, die nicht so richtig mit angenehmen Ereignissen gefüllt sind.

Jetzt fragst du dich vielleicht, wie du das machen sollst. Und wann? Dein Tag ist ja eh schon bis zum Platzen voll. Wie oben angedeutet, schreibe ich abends eine Liste mit allem, wofür ich dankbar bin. Und vor allem, warum. Denn damit erhöht sich die Wirksamkeit gleich ein ganzes Stück.

Das sieht dann zum Beispiel so aus: Ich bin dankbar, dass ich heute Zeit gefunden habe, um zu schreiben. Denn das macht mich sehr viel zufriedener.

Oder aber: Ich bin dankbar, dass ich heute nicht ärgerlich geworden bin, als das Kind wieder mal nicht essen wollte, was ich gekocht habe. Denn damit haben wir beide einen entspannteren Abend.

Inzwischen habe ich das soweit in meinen Tag integriert, dass ich auch zwischendrin immer mal wieder kurz innehalte und dankbar bin. Neulich zum Beispiel bin ich in die Stadt gelaufen, wollte einen Kaffee trinken und anschließend mit dem Bus zum Bahnhof fahren, um eine Fahrkarte zurückzugeben. Kaum hatte ich den Kaffee bestellt, habe ich hektisch in meiner Tasche gesucht. Kein Portemonnaie! Zum Glück kenne ich die Barrista gut. Das heißt, sie hat mir das Geld gestundet.

Damit hatte ich aber immer noch keine Fahrkarte zum Bahnhof. Mit den scherzhaft gemeinten Worten „Ich setz mich jetzt mal draußen hin. Mal sehen, wen mir das Universum vorbei schickt, damit ich mir fünf Euro leihen kann" habe ich mich verabschiedet. Denn ich hatte wenig Lust, eine halbe Stunde zurück nach Hause zu laufen, um Geld zu holen. Und siehe da. Kaum habe ich ein paar Minuten gesessen, als eine Nachbarin vorbeikam, sich zu mir setzte und ich sie dann ohne Stress fragen konnte, ob sie mir Geld leiht. So etwas passiert mir selten, aber wenn, dann bin ich sofort und uneingeschränkt dankbar. Und zwar nicht nur der Nachbarin.

Die Erkenntnisse aus diesem Kapitel:

1. Dankbarkeit ist eine der am höchsten schwingenden Emotionen.

2. Sich darin zu üben, macht zufriedener und gelassener.

KONKRETE STELLSCHRAUBEN

Jetzt sind wir nur noch pragmatisch unterwegs

Die Energie ankurbeln

Konserviert oder frech und wild

Eingangs habe ich es ja schon gesagt. Du musst nicht unbedingt frech und wild werden, um wunderbar zu sein. Hilft aber sehr, die richtige Energie zu entwickeln, um jung zu bleiben: vor allem im Kopf und im Herzen. Jetzt kommt in meiner Community auf Facebook immer wieder die Frage auf: Wie bleibe ich energiegeladen? Oder: Wie bekomme ich wieder mehr Energie?

Eigentlich steckt die Antwort schon in der Überschrift. Und sie lautet schlicht: ALLES. Ohne Energie bleibt die Ausstrahlung auf der Strecke, die Beweglichkeit, die Lachlust, die Gesundheit, einfach alles. Warum das so ist, wurde ja schon in dem Kapitel über die Quantenphysik deutlich. Weil das gesamte Universum, also auch wir, aus Energie besteht.

Unser Körper braucht Energie, um die grundlegenden Körperfunktionen zu erhalten. Als da sind Körpertemperatur, Gehirnaktivität, Atmung, Funktion der inneren Organe, Blutkreislauf. Das heißt, wenn du ganz ruhig liegst, verbrauchst du bereits Energie. Einfach, damit alles funktioniert. Kaum fängst du an, dich zu bewegen, etwas zu essen, benötigst du mehr Energie. Und du weißt, dass du diese durch die Nahrung bekommst. Dazu hast du bereits im Kapitel über Ernährung gelesen.

Im Zusammenhang mit dem Thema „frech, wild und wunderbar jung bleiben" ist diese sogenannte Vitalenergie die Grundlage, um mit der feinstofflichen Energie weiterarbeiten zu können. Auweia, hier betreten wir ein äußerst vages Feld, wenn man mit wissenschaftlichen Augen daran geht.

Schauen wir uns zum Beispiel das Thema Ausstrahlung an. Die ist schwer zu greifen und doch wissen wir alle, was gemeint ist. Beim Versuch, sie zu beschreiben, werden dann Begriffe wie Anmut, Lebensfreude, Charisma, positive Energie, Eloquenz, Gelassenheit und so weiter herangezogen. Jeder Begriff ist für sich genommen genauso ungenau wie der Begriff Ausstrahlung.

Dennoch kommen aus Amerika Tipps, wie sich die Ausstrahlung verbessern lässt. Die Amerikaner sind ja ziemlich pragmatisch unterwegs und haben auch keine Scheu, die besten Tricks zusammenzustellen, um die eigene Ausstrahlung zu verbessern.

Ich beschreibe hier einfach mal ein paar kleine Übungen, die dich dabei unterstützen können. Falls das überhaupt ein Thema für dich ist. Das sind übrigens Fundstücke aus dem Internet.

Bitte lächeln

Im Kapitel über den Glücksmuskel habe ich ja schon geschrieben, dass es auf jeden Fall schon mal guttut, sich selbst im Spiegel anzulächeln. Empfohlen werden 30 Sekunden. Das kann für die eine oder den anderen schon eine ziemliche Herausforderung sein. Aber Probieren geht über Studieren. Und schon hast du einen positiven Start in den Tag.

Wenn der innere Schweinehund dazwischen quatscht

„Das kannst du nicht …! Warum hast du nur …!“ Das Bellen dieses Hundes kann ziemlich penetrant sein und verunsichert dich täglich mehr. Ab sofort kannst du den Köter anblaffen: „Klappe!“ oder „Ruhe jetzt!“ Eine gute Idee dazu liefert auch die Autorin Claudia Engel in ihrem Buch „Scheiß auf die Glücksfee, ich mach das jetzt selbst“. Sie empfiehlt, die Sätze einfach in Micky-Maus-Stimme nachzusprechen. Damit verlieren sie sofort ihre Ernsthaftigkeit.

Der Held in dir

Wusstest du, dass deine Haltung Wirkung auf deine Psyche hat? Also stell dich breitbeinig hin, recke die Arme triumphierend in die Luft und bleibe so mindestens 10 Sekunden lang stehen. Eine Minute wäre besser, aber die Arme könnten dir etwas lahm werden. Dann stütze sie zwischendurch in der Taille ab und recke sie dann wieder nach oben. Dadurch wird Testosteron ausgeschüttet. Vor allem eine gute Übung für Frauen, denen es an Mut mangelt.

Konfetti-Kanone

Feiere auch die kleinen Erfolge im Leben. Du hast gerade noch die Straßenbahn erwischt. Dein Mittagessen ist heute besonders gut gelungen. Du hast ein wichtiges Telefonat erfolgreich geführt. Alles Anlässe, dich zu feiern. Und wenn es besonders gut gelaufen ist, hol ruhig die Konfetti-Kanone hervor und lass das Kind in dir ein bisschen spielen.

Soweit ein paar Tipps, die dich stärken. Und wenn du dich stark fühlst, hat das sofort Auswirkung auf deine Ausstrahlung. Auch das ist ja Energie, die von Menschen, die dir begegnen, wahrgenommen wird.

Die Stärken stärken, die Schwächen ignorieren.

Laut der Hamburger Psychologin Eva Wlodarek besitzt jeder Mensch die Gabe, seine Ausstrahlung zu verbessern. Wenn du lernst, dich selbst wirklich zu mögen, deine Stärken zu schätzen, anstatt immer nur auf die Schwächen zu starren, hast du gute Chancen. Was ich besonders interessant finde, ist der Hinweis der Psychologin auf einen Aspekt, der oft vergessen wird: „Wer als Mädchen und Heranwachsende immer im Schatten strahlender Schönheiten stand, wird im Laufe des Lebens entschädigt. Denn solche Frauen haben nämlich schon in der Jugend gelernt, sich vor allem auf Stärken zu konzentrieren, die vom Äußeren unabhängig sind, wie etwa Intelligenz, Humor, spezielle Fähigkeiten oder auch modische Stilsicherheit. Und während Jugendschönheiten sich noch daran gewöhnen müssen, dass heute andere, jüngere umschwärmt werden, sind viele hässliche Entlein von früher längst weiter: Sie versuchen gar nicht erst, mit 50 noch wie eine 20-Jährige auszusehen."

Auch hier der Hinweis auf Stilsicherheit in der Kleidung. Wenn du es immer wieder schaffst, dein Äußeres mit deinem Inneren in Einklang zu bringen, in dir selbst zu ruhen, dann strahlst du eine Energie aus, die nicht zu toppen ist. Und wenn du glaubst, dass das einmal erreicht und dann nie wieder angepasst werden muss, dann muss ich dich enttäuschen. Jede Phase mit ihren eigenen Herausforderungen erfordert eine neue Stellschraube.

Wusstest du, dass die Indianer das Leben wie folgt einteilen? In den ersten 25 Jahren sind wir Kinder, in den nächsten Jugendliche. Das heißt, erst mit 50 werden wir erwachsen. Diese Phase dauert dann bis 75 und dann erst kommt das Alter. Wie alles ist auch dies eine willkürliche Einteilung. Sie zeigt aber, dass die Vorstellungen vom Lebenslauf grundverschieden sein können. Und beweist, dass wir es in der Hand haben, wie wir unser Älterwerden gestalten. Vor allem aber, dass es in erster Linie von gesellschaftlichen Vorgaben und Überzeugungen abhängig ist und nicht von der biologischen Realität.

Willst du noch mehr über Ausstrahlung wissen? Der Amerikaner Ronald Riggio, auch ein Psychologe, hat sich damit beschäftigt, wie Charisma zustande kommt. Seine Erfahrung: „Charisma ist eine ausbalancierte Mischung aus Expressivität, Sensibilität und

Kontrolle." Also Expressivität ist, wenn du dich und deine Gefühle so ausdrückst, dass sie von anderen verstanden werden können. Sensibilität ist deine Fähigkeit, die Gefühle anderer zu lesen und darauf eingehen zu können. Und mit Kontrolle ist gemeint, dass du Gefühle zeigen kannst, aber ihnen nicht in jeder Situation ungehindert freien Lauf lassen musst.

Das heißt, wenn du Chef in deinem Kopf bist, hast du auch deine Gefühle im Griff. Erinnere dich an das Beispiel mit dem Autounfall im Kapitel über Quantenphysik.

Wenn du wissen willst, was Charisma ist …

Übrigens ist es wohl so, dass Menschen gar nicht immer charismatisch sein wollen. Das kann ziemlich anstrengend werden. Wenn du so ein Mensch bist, dann willst du vermutlich auch mal einfach deine Ruhe haben und nicht ständig im Mittelpunkt stehen. Aber manchmal ist es einfach sehr praktisch, wenn du weißt, wie du den Schalter anknipsen kannst. Übrigens meint die oben schon erwähnte Eva Wlodarek dazu: „Es ist eher selten, dass jemandem Charisma von Natur aus mitgegeben wurde." Sie hat übrigens das Buch „Mich übersieht keiner mehr" geschrieben. Sie weiß also ziemlich genau, wovon sie redet. Und das finde ich das Spannende daran. Du kannst Charisma lernen. Wow. Los geht´s.

Gute Voraussetzung ist schon mal, wenn du dir selbst bewusst bist, also auch deinen Selbstwert gut kennst. Übrigens gibt es noch ein weit verbreitetes Missverständnis, mit dem Eva Wlodarek aufräumt. Nämlich, dass du extrovertiert sein musst, um Charisma zu haben. Wenn du eher ruhig bist, kannst du genauso charismatisch sein. „Denn Charisma heißt ja vor allem, dass man sich selbst wertschätzt und authentisch bleibt." So Eva Wlodarek.

Die Erkenntnisse aus diesem Kapitel:

1. Deine Energie anzukurbeln, heißt also vor allem erst mal, gut mit dir selbst umzugehen und dir ein paar grundlegende Dinge bewusst zu machen.

2. Und dann natürlich Bewegung. Darüber habe ich ja schon in einem anderen Kapitel geschrieben. Im nächsten Kapitel kommen noch ein paar Hinweise.

Hellwach und bester Laune in den Tag

Morgenrituale und Energie

Fassen wir mal zusammen, was du im Laufe des Buches alles schon an freundlichen Tipps bekommen hast, die du in ein funktionierendes Morgenritual einbauen könntest.

Wenn du aufwachst, kannst du ja schon mal anfangen, mit den Zehen zu wackeln und die Füße etwas kreisen zu lassen. Dann stehst du auf und spülst am besten den Mund aus. Von einer Russin habe ich mal den Tipp bekommen, den Mund mit Öl auszuspülen, und zwar fünf Minuten lang. Dann würde alle schlechte Energie, die sich nachts angesammelt haben, verschwinden. Kannst du ja mal ausprobieren.

Wenn du lächelst, kriegst du bessere Laune – automatisch.

Damit stehst du schon mal vor dem Spiegel. Es ist also eine ganz einfache Sache, deinen Tag mit einer freundlichen Begrüßung zu beginnen. Denn wem begegnest du jeden Morgen im Spiegel? Dir selbst. So platt es klingt, wenn du dich anlächelst und sogar mit einem High Five in den Morgen startest, hebt sich die Laune schon mal. Es ist wissenschaftlich erwiesen, dass nicht nur unsere Gefühle unseren Ausdruck bestimmen. Umgekehrt funktioniert es genauso. Wir bringen unsere Muskeln zum Lächeln und die Laune hebt sich. Wenn du noch einen drauflegen willst, sagst du laut zu dir: Guten Morgen, du Schöne (wahlweise mein Bester oder wie auch immer du dich anreden möchtest).

Dann empfiehlt zum Beispiel die Amerikanerin Mel Robbins, deine Sinne aufzuwecken. Dazu geht sie vor die Tür oder macht ein Fenster weit auf, atmet tief durch, schaut sich den Himmel an, hört den Vögeln zu. Ist manchmal etwas schwierig, wenn du viel Verkehr vor der Haustür hast. Dann such dir was anderes zum Hören. Mel Robbins berührt dann etwas Angenehmes, zum Beispiel ihre Pflanzen. Dann macht sie sich etwas Leckeres zu trinken. Möglichst jeden Tag etwas anderes, das die Geschmacksknospen anregt.

Merkst du was? Du bist schon ziemlich wach und gut auf den Tag eingestimmt. Wenn du jetzt noch Bewegung dazu nimmst, kann dich nichts mehr aufhalten. Ob du lieber Yoga machst, einen Spaziergang oder Hanteltraining, spielt keine Rolle. Du weißt ja schon, dass ich nicht so sportlich bin. Aber ein bisschen Yoga schaffe selbst ich öfters mal.

Wer einen Hund hat, geht morgens als erstes mit dem Tier raus. Das ist in jedem Fall ein guter Start. Wer keinen hat, kann ja dennoch spazieren gehen. Eine halbe Stunde in den Wald oder durch den Park. Wenn du beides nicht in der Nähe hast, dann wenigstens ein paar ruhige Straßen entlang.

Ganz wichtig. Erst wenn du dann gefrühstückt hast, dich angezogen und für den Tag vorbereitet bist, erst dann wird das Handy eingeschaltet oder der Computer angestellt. Du gehst so mit einer ganz anderen Energie daran. Denn es ist ja bekannt, dass das beides große Energieräuber sind. Wie so vieles andere in unserem Alltag.

Ich habe mal scherzhaft einen Energieräubertest leicht verändert von dem Medizinjournalisten Andreas Jopp übernommen.

Die Liste der negativen Einflüsse auf unsere Energie ist lang, wie du unten siehst.

Energieräubertest

- Du rauchst
- Du trinkst Alkohol
- Du treibst Sport (ja, auch das raubt Energie)
- Du machst ab und zu Diät
- Du hast eine chronische Krankheit
- Du nimmst Medikamente
- Du arbeitest am Computer
- Du isst in Kantinen und Restaurants
- Du putzt mit Scheuermitteln o. ä.
- Dein Darm meckert gelegentlich
- Du bist über 50 Jahre alt

Wenn du 1- bis 4-mal Ja ankreuzen würdest: Dann denkst du sicher, naja, ist nicht so schlimm. Aber Vorbeugen ist besser als Heilen. Das wussten schon unsere Großeltern.

Wenn du 5- bis 8-mal Ja angekreuzt hättest: Das sieht nicht so gut aus. Denn ohne Gegensteuern kann deine Situation nicht besser werden. So viele Energieräuber lassen sich nicht so leicht ausschalten. So sieht unser Leben nun mal aus.

Bei 9- bis 11-mal Ja wäre das für mich Alarmstufe Rot. Über Vitalstoffe habe ich ja an anderer Stelle schon geschrieben. Für mich wäre das der wichtigste Schritt, um in mehr Energie zu kommen.

Warum ist Energie so ein bedeutender Faktor beim guten Altern? Wir werden mit 100 Prozent Energie geboren und die Kurve sinkt rapide ab, bis sie bei null wieder endet. Es kann also nur in deinem Sinne sein, dafür zu sorgen, dass die Abwärtskurve gemächlich sinkt und nicht im Steilflug. Viele Menschen haben schon mit 50 Jahren weniger als die Hälfte ihrer Ausgangsenergie. Aber – wie du gesehen hast – muss das nicht so sein.

Dass das Energielevel auf jeden Fall sinkt, ist klar. Aber du hast mehr Freude im Leben, wenn es das nur langsam tut.

Die Erkenntnisse aus diesem Kapitel:

1. Wir werden mit 100 Prozent Energie geboren und die Kurve sinkt rapide ab, bis sie bei null endet.
2. Viele Menschen haben schon mit 50 Jahren weniger als die Hälfte ihrer Ausgangsenergie.

Manifestieren für Anfänger

Schwerer und leichter, als du denkst

Gewohnheiten zu ändern ist ein Weg in dein bestes Alter. Jetzt dringen wir in einen neuen Bereich vor. Nämlich zu der Frage, wie kreierst du dir jetzt das Leben im Alter, das du haben möchtest? Also frech, wild und wunderbar?

Habe ich schon mal den Jammerwettbewerb erwähnt? Wundert dich vielleicht in diesem Zusammenhang. Aber den zu erkennen ist eine wichtige Voraussetzung. Denn er ist leider überall präsent. Ob in der Straßenbahn, an der Kasse im Supermarkt, beim Spaziergang im Wald – überall wird darüber gejammert, wie schwer doch alles ist, wo es überall weh tut, wer jetzt wieder ins Krankenhaus gekommen ist, und so weiter und so fort. Kennst du. Brauche ich nicht weiter auszuführen.

Wie redest du über dich
und über dein Leben?

Wir haben ja gelernt, dass deine Gedanken dein Leben prägen. Und dass es völlig kontraproduktiv ist, heute dasselbe zu denken wie gestern und vorgestern. Wenn du einen Blick in die Zukunft werfen willst, hör dir einfach selbst zu.

Wie redest du über dich? Was sagst du über dein Leben? Vor allem: Welche Wörter benutzt du dabei? Sie gestalten dein Leben in den nächsten Jahren und Jahrzehnten. Wenn du sie weiter benutzt.

Wenn du Dinge sagst, wie „Ich habe immer Glück“ oder mit dem Sänger Max Raabe „Heute ist ein guter Tag, um glücklich zu sein“, prophezeist du dir eine gute Zukunft.

Die meisten von uns geben aber ganz andere Dinge von sich. Zum Beispiel: „Ach ja, der Herbst, da ist man halt erkältet. Jetzt muss ich aufpassen.“ Worauf eigentlich? Willst du die Bakterien mit dem Käscher davon abhalten, in deine Nase zu kommen? Dein Unterbewusstsein hat dich längst verstanden: Du erwartest eine Erkältung. Und auch die freut sich über die Einladung. Damit manifestierst du bereits.

Ein anderes Beispiel: „Was ich schon alles an Diäten probiert habe … bei mir hilft nix.“ Und dein Unterbewusstsein hat abgespeichert, dass auch der nächste Versuch scheitern muss.

Oder hast du schon mal im Affekt so etwas gesagt wie: „Wie blöd muss man eigentlich sein? Was habe ich denn da wieder angestellt?“ Dein Unterbewusstsein reagiert prompt und hält fest, dass du dich blöd findest. Und wird das leider weiter bestärken.

Was lernen wir daraus? Es ist dringend nötig, Chef im eigenen Kopf zu sein. Dazu macht es Sinn, erst einmal die negativen Glaubenssätze zu erkennen.

Ein guter Anfang ist folgendes Experiment. Ich nenne das die Jammerdiät. Denn weißt du, wie oft du jammerst? Wie oft du negativ denkst? Mir ist das erschreckend in folgender Situation klargeworden. Auf einem Business-Kongress kam ich mir ein bisschen dämlich vor, weil alle anderen so viel mehr vom Geschäft verstanden als ich. Also meinte ich (in meinen Augen scherzhaft) zu einem sehr versierten Kollegen: „Es ist ja immer gut, die dümmste Person im Raum zu sein, da kann man am meisten lernen.“ Über seine Reaktion war ich dann völlig geschockt. Richtig streng meinte er zu mir „Sag so etwas NIE WIEDER über dich.

So wirst du nie erfolgreich.“ Uff. Ich war erst mal ein bisschen beleidigt. Es sollte ja schließlich ein Scherz sein. Dann fing ich an nachzudenken. Und finde heute, dass er recht hatte. Denn in dem Moment habe ich mein Unterbewusstsein darüber informiert, dass ich dumm bin. Und da es alles wörtlich nimmt, hätte es mich weiter mit Dummsein bedient. Es tut ja schließlich nur das, was ich sage.

Also als Erstes nie wieder – auch nicht im Scherz – etwas Negatives über dich sagen, ok? Und dann versuche Folgendes: Drei Wochen nicht jammern. Das heißt, weder klagen noch tratschen noch kritisieren. Damit du dich auch immer daran erinnerst, binde dir doch ein hübsches Band ums Handgelenk. Jedes Mal, wenn du es ansiehst, fällt dir wieder ein: Ach ja, nicht jammern.

Probier sie doch mal aus, die Jammerdiät.

Warum drei Wochen? Das hatten wir ja schon. Um eine neue Gewohnheit zu etablieren, braucht es genauso lange. Dann ist sie mit großer Wahrscheinlichkeit in dein Grundrepertoire übergegangen.

Aber erwarte nicht zu viel von dir. Denn auch der Erfinder dieser „Diät“, der amerikanische Geistliche Will Bowen, brauchte ein paar Monate, um wirklich drei Wochen durchzuhalten. Am Anfang war er stolz, wenn er es sechs Stunden lang geschafft hatte.

Lass dich davon nicht entmutigen. Bestimmt geht es bei dir schneller. Du hast ja nicht nur die Motivation, ein besserer Mensch für andere zu werden. Nein, du willst für dich das bestmögliche Alter erschaffen. Und da ist die Jammerdiät ein absolut wichtiges Werkzeug.

Gehen wir also davon aus, dass du in spätestens drei Wochen durch bist mit dieser Diät. Dann bleibt noch so einiges an Gedankenmüll übrig, den du so nach und nach wegwerfen darfst. Hier mal eine Liste von möglichen Glaubenssätzen, von denen dir vielleicht gar nicht bewusst ist, dass du sie tief in dir verankert hast.

Alter schützt vor Torheit nicht
Will heißen, pass auf Alte, dass du dich nicht dumm anstellst und dann der Lächerlichkeit preisgibst.

Alter vor Schönheit
Na klar, schön biste nur in der Jugend, im Alter hat Schönheit nichts zu suchen.

Ein Unglück kommt selten allein
Komisch, dass es den umgekehrten Satz nicht gibt. Ein Glück kommt selten allein. Müsste nach dem Gesetz der Wahrscheinlichkeit genauso möglich sein.

Einen alten Baum verpflanzt man nicht
Alte Bäume gehen ein, wenn sie umgepflanzt werden. Also bleib, wo du bist, woanders kann es dir nur schlechter gehen.

Im Leben bekommst du nichts geschenkt
Wäre ja auch geradezu unerhört, wenn dir jemand was schenken würde. Muss alles hart erarbeitet und vor allem VERDIENT werden – oder etwa doch nicht?

Dafür bin ich zu alt
Der absolute Killer unter all den Glaubenssätzen, die dir das Leben vermiesen können. Mein Gegenentwurf lautet: Es ist selten zu früh und NIE zu spät, um IMMER im besten Alter zu sein.

Vorsicht auch vor solchen Sätzen wie: Das kann ich mir nicht leisten. Ich habe keine Zeit. Ich möchte niemandem zur Last fallen. Oder aber Redewendungen, die wie folgt anfangen: Es ist nun mal so, dass … Die Menschen sind … Das Leben ist … Die können gar nicht positiv ausgehen. Sie werden fast zwangsläufig in negativen Beschreibungen enden. Willst du das?

Wenn du genau hinschaust, wirst du entdecken, dass fast alles, was du denkst, nicht nur dasselbe ist wie gestern und vorgestern (hatten wir schon, ich weiß), sondern auch geprägt ist von oft unbewussten Manipulationen durch andere, von Süchten, Zufällen und natürlich deinen Gewohnheiten.

Die Gedanken sind frei?
Schön wär's.

Aber haben wir nicht alle in der Schule das Lied gelernt „Die Gedanken sind frei"? Das heißt, ich kann doch denken, was ich will. Da kann mir doch keiner reinreden. Tja, schön wär´s.

Das Reinreden fängt ja schon in frühester Kindheit an. Wir können uns deshalb gar nicht mehr erinnern, wer, wie, wann und wo uns direkt oder indirekt beeinflusst hat. Wer unsere freien Gedanken zensiert und damit in andere Bahnen gelenkt hat.

Kleines Beispiel: Eine Freundin von uns will keine Beziehung mehr eingehen, weil die eine, die sie hatte, nicht gut ausging. Ist das eine komplett freie Entscheidung? Oder ist das nicht viel mehr geprägt von Vorerfahrungen, Erlebnissen und Beobachtungen, aus denen sie diesen Schluss gezogen hat? Sie selbst kann natürlich nicht erkennen, dass sie da Prägungen aufsitzt. Dazu braucht es dann ein Gegenüber, das hilft, einen Weg durch das innere, absolut logisch erscheinende Chaos zu finden.

Manifestieren für Anfänger beginnt also mit der Klarheit im eigenen Kopf. Hier noch ein paar weitere Tipps. Obwohl, wenn ich so drüber nachdenke, steht alles schon in diesem Buch. Nur der Ordnung halber fasse ich das hier noch mal zusammen.

Du nutzt also deine Gedanken und Gefühle, um deine Wünsche und Ziele zu realisieren. Im Kapitel über die Quantenphysik habe ich dir ja schon Pam Grout vorgestellt. Sie schlägt in ihrem Buch „E². Wie Ihre Gedanken die Welt verändern“ einige spielerische Übungen vor, mit denen du das schon mal ausprobieren kannst.

Wenn's dann ans Eingemachte gehen soll, findest du massenhaft Vorschläge wie die untenstehenden. Ich habe sie mal mit meiner Erfahrung abgeglichen und entsprechend kommentiert.

Du setzt dir ein klares Ziel. Am besten stellst du dir ganz genau vor, wie dein idealer Tag in der Zukunft aussehen soll.

> Das ist zumindest das, was dir immer geraten wird. Ich selbst habe Mühe mit dem Vorgehen. Mir fällt Folgendes leichter: Als ich 55 war, hätte ich gerne wieder einen Partner gehabt. Ich habe dann angefangen mir vorzustellen, wie es sich ***anfühlen*** muss, wenn die passende Person dann neben mir hergeht. Und siehe da: Als ich zum ersten Mal mit meinem jetzigen Mann spazieren ging, hat sich das genauso angefühlt. Irgendwie einfach nur richtig.

Du verwendest positive Affirmationen: Wiederhole positive Aussagen über dich selbst und deine Zukunft. Sage zum Beispiel: „Ich bin erfolgreich und glücklich“ oder „Ich ziehe positive Erfahrungen in mein Leben“.

> Naja. Nach meiner Erfahrung kann ich solche Sätze so oft sagen, wie ich will, mein Unterbewusstes weiß genau, dass ich nicht erfolgreich und glücklich bin. Es denkt also weiterhin

„Du lügst dir nur in die eigene Tasche". Besser hilft es, wenn du dich selbst ein bisschen austrickst. Zum Beispiel mit so einem Satz anfängst: „Ich kann mir gut vorstellen, erfolgreich und glücklich zu sein." Bei der bloßen Vorstellung muss alles, was unterhalb des Bewusstseins ist, nicht gleich einen Schreck kriegen. Das hat auch bei mir geholfen.

Du übst Dankbarkeit: Sei dankbar für das, was du bereits hast, und für das, was du in Zukunft erreichen wirst. Dankbarkeit hilft dabei, positive Energie anzuziehen und das Manifestieren zu unterstützen.

Was du auch tun kannst, ist Folgendes: Du baust in deine Dankbarkeitsliste am Abend einfach ein oder zwei „unrealistische" Ziele mit ein. Also, du bist dankbar für das nette Gespräch, dankbar für die tolle Wohnung, dankbar für dein 6-stelliges Jahreseinkommen und dankbar, dass die Blumen blühen. Falls du mehr Geld verdienen willst, ist das ein guter Weg, damit keine Panik aufkommt.

Du handelst: Manifestieren allein reicht nicht aus.

Es gibt nichts Gutes, außer man tut es. Hat Erich Kästner angeblich so gesagt. Nimm dir kleine und kleinste Schritte vor. Dazu gab es ja schon ein paar Infos.

Du hast Geduld: Das Manifestieren erfordert Geduld.

Damit bin ich voll und ganz einverstanden. Früher habe ich um die Ecke unserer jetzigen Wohnung gelebt. Sieben Jahre lang bin ich an dieser Wohnung vorbeigegangen und habe jedes Mal gedacht: „Da oben, im ersten Stock will ich wohnen." Als ich dann meinen Mann kennenlernte, wurde ein Jahr später die Wohnung frei. Undankbar dachte ich damals: „Ging das nicht ein bisschen schneller?" So viel zum Thema Geduld.

Manifestation für Anfänger in fünf Schritten:

1. Du setzt dir ein klares Ziel

2. Du verwendest positive Affirmationen

3. Du übst Dankbarkeit

4. Du handelst

5. Du hast Geduld

Zusammenfassung auf Japanisch

Das, wofür es sich zu leben lohnt

Japan gehört ja zu den Ländern, in denen die meisten Hundertjährigen leben. Als ein Grund für ihre Langlebigkeit gilt vor allem ihre Ernährung. Dabei ist es ein ganz anderer Ansatz, der vermutlich noch viel wirksamer ist. Und der heißt ***Ikigai***. Und ich finde ihn besonders ermutigend. Denn im Prinzip fasst er das zusammen, was du in diesem Buch an den verschiedenen Stellen schon gelesen hast. Los geht´s.

Ikigai? Was soll das denn sein? Musst du jetzt auch noch japanisch lernen, oder was? Naja. In den westlichen Sprachen gibt es einfach keine Entsprechung. Wir müssen dann umständlich formulieren, was Ikigai bedeutet. Nämlich das, wofür es sich zu leben lohnt. Und das heißt in unserer Kultur auf jeden Fall etwas ganz anderes als in Japan. Deshalb braucht es noch ein paar weitere Sätze, um das Prinzip zu erklären.

Ikigai beruht auf fünf Säulen, die da heißen:

- ***Klein anfangen***
- ***Loslassen lernen***
- ***Harmonie und Nachhaltigkeit leben***
- ***Die Freude an kleinen Dingen entdecken***
- ***Im Hier und Jetzt sein***

Alles völlig unspektakuläre Dinge. Aber auch da steckt die Herausforderung im Detail.

Zum Beispiel: ***Klein anfangen.*** Was kann das für dich heißen? Es ist nichts Neues, was ich dir jetzt sage, denn wir bewegen uns in konzentrischen Kreisen um unser Thema herum. Und landen wieder am Morgen. Wer hätte das gedacht.

Also, klein anfangen meint zum Beispiel ein Morgenritual. Denn Ikigai wird manchmal auch so genannt: „Der Grund, morgens aufzustehen." Ken Mogi, der das Büchlein „Ikigai – Die japanische Lebenskunst" geschrieben hat, meint, dass du wieder Appetit aufs Leben bekommst, wenn du dich an die fünf Säulen hältst. Also an kleine Rituale und Alltagsroutinen.

Dass ein Morgenritual zu haben eine sehr sinnvolle Sache ist, habe ich ja an anderer Stelle schon betont. Hier kommt noch das frühe Aufstehen dazu. Denn das ist die Tageszeit, zu der du am besten in die Gänge kommst, um produktiv oder kreativ zu sein. Während du schläfst, arbeitet dein Gehirn. Es „speichert, verbindet und erschließt Erinnerungen auf effiziente Weise, und das alles ohne zusätzliche Sinneseindrücke von außen".

Deshalb ist es auch so wichtig, ungestört und gut abgeschirmt zu schlafen. Damit dein Hirn beim Aufwachen seine Aufgabe erledigt hat und du neue Informationen aufnehmen kannst. Wenn du dann noch im Spiegel „Guten Morgen" zu dir sagst und dich freundlich anschaust, werden die Belohnungszentren in deinem Gehirn aktiviert. Nicht nur das. Außerdem funktioniert dann die Hormonsteuerung besser und damit kriegst du ein stärkeres Immunsystem. Und das alles mit einem lächelnden Blick!

Das ist übrigens nichts, was die Japaner sich ausgedacht hätten, um ein bestimmtes Arbeitsethos durchzusetzen. Nein, es ist in Studien belegt worden, auch wenn wir noch nicht voll verstehen, wie das funktioniert. Klar ist allerdings eines: Der Lauf der Sonne über den Tag ist im Einklang damit, wie die Hormone vom Gehirn aus gesteuert werden. Beziehungsweise umgekehrt. Deshalb ist es sinnvoll, synchron mit der Sonne zu leben. Haben wir alles ja schon mal gehört.

Der frühe Vogel kann dich mal?

Was aber, wenn du eine Nachteule bist? Dann hast du – wie ich – vielleicht auch schon bemerkt, dass das nicht mehr so einfach ist mit dem morgens lange schlafen und abends länger aufbleiben. Es macht eher noch müder, und anders als früher kommst du nicht mehr so gut in die Gänge. Ich kenne eine Frau, die steht morgens um vier Uhr (!) auf, tut, was ihr Spaß macht bis ungefähr 11 Uhr, isst etwas und schläft dann noch eine Runde, bis sie den Tag gemeinsam mit ihrem Mann beendet. Auch eine Lösung.

Wie du morgens aus dem Bett kommst, dazu habe ich an anderer Stelle schon Tipps gegeben. Wenden wir uns also dem nächsten Punkt zu: ***Loslassen lernen***. Auch das geht nicht auf Kommando. Oder doch?

Also, ganz ehrlich, ich finde, es ist eine große Herausforderung. Wenn mir auch von allen Seiten versichert wird, dass es geht. Also habe ich mich mal wieder auf die Suche gemacht und folgende Hinweise gefunden:

Zunächst einmal wäre es gut, wenn du deine Gefühle akzeptieren kannst.

> Egal, ob Wut, Trauer, Enttäuschung oder Freude. Wann hast du dich zum letzten Mal so richtig von Herzen gefreut?

Wenn ich meine Enkelin so anschaue, dann beneide ich sie häufig über ihre ungefilterte Freude, ihre Lebenslust. Ihre Wut gefällt mir ehrlich gesagt nicht ganz so gut, aber ich übe, auch das zu akzeptieren.

Der nächste Schritt könnte sein, dein Bedürfnis nach Kontrolle zu erkennen.

Wenn du Angst hast, dass eine Situation aus dem Ruder geraten könnte … Na, das kennst du. Dann kommt schon mal der kleine Kontrollfreak um die Ecke. Der will dir dann weismachen, dass es nur besser werden kann, wenn du ganz doll festhältst. Die Zügel auf keinen Fall loslässt. Obwohl die Erfahrung immer wieder zeigt, dass das Gegenteil der Fall ist. Wenn du dich entspannst, entspannt sich häufig auch die Situation. Es ist immer wieder gut, erinnert zu werden, stimmt´s?

Ja, dann kommt wieder so ein Thema, das leichter gesagt als getan ist: Sei achtsam.

Im Grunde heißt das nichts anderes, als bleib nicht in den Gedanken von gestern hängen und mach dir keine Sorgen um das Morgen. Bleib hier. In dem Moment in dem du gerade bist.

Manchmal kann es auch helfen, die Dinge aus einer anderen Perspektive anzuschauen.

Du ärgerst dich gerade über die Nachbarin, die den Wein an der gemeinsamen Mauer so radikal zurückgeschnitten hat, dass die nackte Wand zu sehen ist. Du kannst dich gerne weiter ärgern. Du kannst aber auch schauen, ob es dem Wein vielleicht doch ganz guttut, dass soviel abgeschnitten ist. Dann wächst er nächstes Jahr besser.

So viel zum Thema ***Loslassen lernen***. Aus eigener Erfahrung und aus Erfahrung mit meinen Coachees weiß ich, dass das ein weites Feld ist. Nicht immer hilft jedem auch jeder Tipp. Du kannst es also nur ausprobieren.

Jetzt kommt ein ganz besonders schwieriger Punkt: ***Harmonie und Nachhaltigkeit leben***. Hätten wir alle gerne. Die Harmonie. Und nachhaltig würden wir auch gerne leben. Nun ist es uns Menschen anscheinend nicht gegeben, in dauernder Harmonie zu leben. Oft fangen wir dann an, uns zu langweilen. Also ein bisschen Reibung darf schon sein. Aber wir sind nicht verpflichtet, uns über alles aufzuregen. Siehe Thema Loslassen. Wozu wir uns aber selbst verpflichten sollten, das ist die Nachhaltigkeit.

Ich weiß, wie schwierig das ist. Außer du lebst auf einem Bio-Bauernhof und bist umgeben von Menschen, die dieselbe Mission haben. Lebst du – wie ich – in der Stadt, wird es deutlich komplizierter. Und teurer. Du kennst das. Kaufst du Brötchen im Supersparpreis-Markt, zahlst du vielleicht 19 Cent. Kaufst du im Bioladen, zahlst du gerne mal 50 bis 70 Cent. Das ist ein Unterschied im Portemonnaie, der sich schnell summiert.

Es geht jetzt nicht darum, alles aufzuzählen, wo wir nachhaltiger leben könnten. Aber hier ein aktuelles Beispiel aus meinem Leben, wie lange das manchmal dauert. Seit Jahren erzählt mir eine Freundin von einer Firma, die rein biologische Reinigungsmittel herstellt.

Da werden dann gleich bei der ersten Bestellung Glasflaschen mitgeliefert, in denen man immer wieder die entsprechenden Pulver auflösen kann. Nachhaltiger geht es eigentlich nicht. Fand ich auch auf Anhieb logisch. Und beschloss, das zu bestellen. Ein Jahr später erzählte sie mir nochmal davon. Oje, das hatte ich ganz vergessen. Also JETZT wollte ich aber unbedingt diese Mittel kaufen.

Wann habe ich das endlich gemacht? Vorigen Monat. Es ist mir unangenehm, das zuzugeben, aber an manchen Stellen ist der innere Schweinehund eben doch besonders hartnäckig. Weil Logik und Einsicht, also Bewusstsein, nur fünf Prozent unseres gesamten Gedankenpotenzials ausmachen. Alles Unbewusste aber fünfundneunzig. Erst als es mir richtig peinlich war, kam ich ins Handeln.

Die vierte Säule des Ikigai: ***die Freude an kleinen Dingen entdecken.***

Ich glaube, das wissen wir alle, wie wichtig das ist. Und wie schwer es manchmal fällt. Ich habe eine Freundin, die gelegentlich dazu neigt, sich für völlig deprimiert und ungeeignet zu halten. Egal für was. In einem dieser „Anfälle" beobachtete sie plötzlich völlig fasziniert einen Vogel, der sich an der Tränke im Garten vergnügte. Nix mehr Depression oder Lamento über ihre Mängel. Auf einen Schlag hatte sie Freude am Leben. Die Kunst ist es nun, diese Freude aufrecht zu erhalten. Oder aber immer wieder zu suchen. Und zwar bewusst.

Kennst du das Bohnenspiel? Das ist hervorragend geeignet, um sich den kleinen Freuden zuzuwenden. Das Spiel geht so: Du steckst dir fünf Bohnen in die linke Tasche. Oder fünf Steine, fünf Murmeln, fünf Münzen, egal. Und jedes Mal, wenn dir etwas besonders Nettes auffällt, wandert eine Bohne von der linken Tasche in die rechte. Ziel ist, dass du am Abend nur noch in der rechten Tasche Bohnen hast. Ist ja klar. Probier es aus. Wenn dir das zu viel ist … Wir erinnern uns – mit kleinen Schritten anfangen, dann nimm nur drei Bohnen. Hauptsache, du spielst.

Jetzt fehlt nur noch die fünfte Säule des Ikigai: ***Im Hier und Jetzt sein.*** Dazu kann ich jetzt nicht mehr viel sagen. Steht ja alles schon da. Klein anfangen und die Freude an den kleinen Dingen sind auf jeden Fall gute Unterstützer für ein Leben in der Gegenwart. Und falls du jetzt doch mal abdriftest in eine von diesen Gedankenspiralen, dann sagst du innerlich zu dir ganz laut STOP!

Schluss jetzt! Ich lebe JETZT!

EPILOG:

WAS SICH BEI MIR VERÄNDERT HAT

Das einzig Sichere ist der Wandel

Jetzt habe ich ein ganzes Buch lang geschrieben, wie du frech, wild und wunderbar jung bleibst. Und doch. Auch das Konzept vom Jungbleiben ändert sich im Laufe des Lebens. Heute ist es nicht mehr dasselbe wie es mit 60 oder gar 40 Jahren war. Damals stellte ich mir dynamische Tanznächte vor. Einen großen Freundeskreis und viele schöne Reisen, Konzerte, Museumsbesuche. Da war ich gerade mal 40.

Mit 60 beschlichen mich die ersten Zweifel. Was, wenn ich jetzt doch alt bin? Und noch viel älter werde? Wie soll mein Leben aussehen? Was will ich machen? Und gleichzeitig empfand ich so etwas wie Entspannung. „Jetzt kannst du dir nicht mehr vormachen, dass du jung bist. Du bist alt, akzeptiere es." Naja, leichter gedacht als getan. Der Druck, dynamisch sein zu müssen, fiel weg, die Angst, „was wird?" stieg an.

Es geht nicht darum, krampfhaft an Jugendlichkeit festzuhalten.

Das ist ein Prozess, den wir alle durchleben müssen. Egal, ob du Ende 40, Mitte 50 oder schon über 60 bist. Das Tor der Entscheidung. Willst du deine Jugend verlängern oder dein Alter? Und vor allem, WIE willst du deine Jugend verlängern? Es kann gar nicht darum gehen, krampfhaft an einem Bild von Jugendlichkeit festzuhalten. Im Gegenteil. Auch das muss sich verändern. Der entscheidende Punkt für mich ist der Satz einer 50 Jahre alten Freundin: „Komisch, meine Nachbarin ist genauso alt wie du. Aber die empfinde ich als alt, bei dir denke ich gar nicht darüber nach."

Ich finde, das belegt, dass der Mittelweg, für den ich mich entschieden habe, genau der richtige für mich ist. Das Alter zu akzeptieren und dennoch jung zu bleiben. Im Sinne von neugierig, interessiert, offen für Veränderung und Herausforderungen. Natürlich bin ich in manchem ein bisschen langsamer als früher. Ich kann zwar mit so manchen Fünfzigjährigen mithalten, merke aber, dass meine Bewegungsfreude sich verändert hat. Ein langer Spaziergang macht mir jetzt mehr Spaß als ein Tanzabend. Vor allem ist er erholsamer für mich.

Die letzte Erfahrung mit einer durchtanzten Nacht habe ich mit Mitte 70 gemacht. Um zwei Uhr morgens bin ich ins Bett gewankt mit dem deprimierenden Gedanken „Oje, was meine Knie morgen wohl sagen?" Dann fiel mir ein, dass das ein völlig unproduktiver Gedanke war. Sofort habe ich ihn verändert in „Morgen bin ich fit und munter und meine Knie gut erholt." Hat geholfen.

Vor allem meine Abenteuerlust hat sich verändert. Früher bin ich zum Beispiel mit Leidenschaft Auto gefahren. Heute fahre ich lieber mit dem Zug. Leihe mir am Ferienort ein Auto und genieße es dann, durch schöne Landschaften zu fahren. Zwei Monate allein mit dem Rucksack durch Kanada und Alaska habe ich sehr genossen. Genauso Wanderungen im Himalaya. Heute kriege ich nur bei dem Gedanken, ich könnte noch mal sowas Abenteuerlustiges machen, eher Panik. Nichts mehr für mich.

Denn heute muss ich ganz andere Abenteuer bestehen, die weit jüngere Menschen auch schon an ihre Grenzen bringen würden. Zum Beispiel, dass ich Pflegemutter meiner jetzt sieben Jahre alten Enkelin bin. In diese Situation fließen viel Kraft und Herzblut.

Das fehlt dann an der Abenteuerlust nach außen. Aber so ist es. Ich freue mich, dass ich für meine Süße da sein kann. Ihr so viel Halt wie möglich geben und ein stabiles Umfeld für sie bieten kann. Natürlich mit Unterstützung.

Heute muss ich ganz andere Abenteuer bestehen als früher.

Auch in anderer Hinsicht bin ich abenteuerlustig. Indem ich zum Beispiel dieses Buch geschrieben habe. Indem ich ein Coaching-Business aufgebaut habe mit dem Titel „Happy-Aging statt Anti-Aging". Denn es ist mir eine Herzensangelegenheit, zu zeigen, dass es selten zu früh und nie zu spät ist, um die für dich richtigen Weichen zu stellen. Damit auch du immer im besten Alter sein kannst.

Was ich mit diesen Zeilen sagen will: Jung bleiben heißt in jedem Alter etwas anderes. Und auch für jede Person. Die einen verstehen das „frech" im Titel als unverschämt. Die anderen werden eher an den liebevollen Frechdachs erinnert. Für die einen bedeutet „wild", doch noch den Motorrad-Führerschein zu machen. Für die anderen, allein spazieren zu gehen. Wichtig ist einzig und allein, dass du dich auf deine Energie konzentrierst und nicht auf die Konservierung. Denn Energie ist es, die dich befähigt, ein wunderbares Alter zu haben. Und das ist der Grund, warum ich heute sage, dass ich eine der besten Zeiten meines Lebens habe.

Denn alt wirst du erst, wenn du aufhörst zu lernen.

In diesem Sinne, hab´s gut!

Nachwort

Es wäre ja so schön, wenn ich all den Menschen, die mich inspiriert haben, persönlich danken könnte. Nur wäre die Liste zwangsläufig unvollständig. Denn in einem langen Leben hatte ich viele großartige, berührende und anregende Begegnungen. Und auch viele anonyme und auf den ersten Blick unscheinbare Impulse aus Social Media sind in dieses Buch geflossen.

Deshalb, wenn du dich angesprochen fühlst, liebe Leserin, lieber Leser, dann bist genau du gemeint. Bei dir bedanke ich mich, für dein Interesse, deine Neugier und deinen Entschluss, dieses Buch zu kaufen.

Wenn du es jetzt in Händen halten oder auf deinen E-Reader herunterladen kannst, haben alle Menschen in meinem Umfeld dazu beigetragen. Mein Mann und meine Enkeltochter, die manches Mal mentale Abwesenheit aushalten mussten, wenn sie Zuwendung und Aufmerksamkeit gebraucht hätten. Meine Freundinnen und Freunde, für die ich phasenweise verschwunden war.

Das Schreiben dieses Buches hat mir sehr viel Spaß gemacht. Es hat mir in vielen Punkten die Augen geöffnet, was alles in meine Arbeit als Coach zum Thema „Happy-Aging statt Anti-Aging" einfließt.

Mein Blick auf das Thema hat sich noch mehr geweitet. Bei vielem, was ich als selbstverständlich angesehen habe, sind weitere Gesichtspunkte dazu gekommen. Und vor allem ist mir einmal mehr bewusst geworden, dass wir heute ganz neu über das Älterwerden denken können. Und dass wir fast von einer Bewegung sprechen können, die ein enormes Potential zur Gestaltung des eigenen Lebens freisetzt.

Das besondere Geschenk aus diesem Prozess ist das nächste Buch, das sich bei mir bereits vorgestellt hat. Gestatten? Sein Name ist: „Wer gut Altern will, muss zaubern lernen". Noch liegt es in den Windeln, aber wie jedes Kind wächst es.

Darmstadt, im August 2023 Mara Anders

PS: Du erreichst mich unter kontakt@mara-anders.de

Mehr erfährst du auf meiner Website https://maraanders.de

Und Anregungen, Tipps und Austausch findest du unter https://maraanders.de/meine/Community

Komm gerne auch in meine Facebook-Gruppe

www.facebook.com/groups/happyagingstattantiaging

Du kannst mir auch gerne auf Instagram folgen: happyagingstatt-antiaging

Und wenn du mehr über die Vitalstoffe wissen willst, die ich nehme, erreichst du mich unter kontakt@maraanders.de

Einige Bücher, die mich inspiriert haben

Alle Bücher von Astrid Lindgren und Christine Nöstlinger

Boländer, Lothar: *Der 1-Minuten-Körper-Check*. Tutzing 2007

Carven, Ursula: *Yoga für dich und überall. 60 unglaublich nützliche Übungen für jedermann und jeden Tag*. München 2009

Clear, James: *Die 1 % Methode. Minimale Veränderung, maximale Wirkung*. München 2020

Dispenza, Dr. Joe: *Du bist das Placebo. Bewusstsein wird Materie*. Burgrain 2014

Engel, Claudia: *Scheiß auf die Glücksfee. Ich mach das jetzt selbst. Wie du dir mit dem Gesetz der Anziehung alles manifestierst, was du dir wünschst*. München 2021

Franke, Rainer und Regina: *Sorgenfrei in Minuten. Klopfen Sie sich gesund und glücklich mit MET-Klopftherapie*. München 2021

Franke, Rainer; Schlieske, Ingrid: *Klopfen Sie sich frei!* Hamburg 2006

Grout, Pam: *E^2. Wie Ihre Gedanken die Welt verändern*. 7. Aufl., Berlin 2015

Grout, Pam: *E^2+. Neue Beweise zum Selbsttesten – Wie Ihre Gedanken die Welt verändern*. 2. Aufl., Berlin 2016

Hüther, Gerald: *Bedienungsanleitung für ein menschliches Gehirn*. 10. Aufl., Göttingen 2010

Jopp, Andreas: *Risikofaktor Vitaminmangel.* Stuttgart 2017

Katie, Byron: *Lieben was ist. Wie vier Fragen Ihr Leben verändern können.* München 2002

Lipton, Bruce: *Intelligente Zellen. Wie Erfahrungen unsere Gene steuern.* Dorfen 2016

Long, Barry: *Sexuelle Liebe auf göttliche Weise.* Saarbrücken 2004

Mogi, Ken: *Ikigai. Die japanische Lebenskunst.* Köln 2021

Petz, Susanne: *Mit Liebe zum Wir. Die transformierende Kraft der Selbstliebe.* Bamberg 2023

Schuster, Dieter: *Quantenphysik. Eine leicht verständliche Einführung.* Köln 2018

Tomkins, Peter; Bird, Christopher: *Das geheime Leben der Pflanzen.* Frankfurt 2018

Turner, Dr. Kelly A.: *9 Wege in ein krebsfreies Leben. Wahre Geschichten von geheilten Menschen.* München 2015

Watzlawick, Paul: *Anleitung zum Unglücklichsein.* München 2009

Wlodarek, Eva: *Mich übersieht keiner mehr. Größere Ausstrahlung gewinnen.* 12. Aufl., Frankfurt am Main 1999

Zur Autorin

Mara Anders, erfahrene Optimistin, die gründlich gelernt hat, aus Stroh Gold zu spinnen.

Seit 28 Jahren über 50, Schulversagerin, Au-Pair-Mädchen in England, Journalistin, Abiturientin, Studentin der Psychologie und Pädagogik.

40 Jahre als Dozentin an einer pädagogischen Akademie für Quereinsteiger zuständig, d. h. entsprechend lang Erfahrung mit Menschen im Umbruch.

Intensive eigene Auseinandersetzung mit dem Thema, mangels Vorbildern langwierig und von Umwegen geprägt.

Ehefrau, Mutter eines Adoptivsohnes, Pflegemutter einer Enkelin und immer im besten Alter.

Kontakt:

Mara Anders

Herderstr. 24
64285 Darmstadt

E-Mail: kontakt@mara-anders.de

Persönliche Homepage: maraanders.de

Facebook: www.facebook.com/groups/happyagingstattantiaging

Instagram: happyagingstattantiaging

Susanne Petz

Mit Liebe zum Wir
Die transformierende Kraft der Selbstliebe

ISBN 978-3-95904-202-4
Edition Forsbach 2023

Gesunde Selbstliebe ist nicht egoistisch!
Es ist ein Mangel an Selbstliebe, der die Stimmung in unserer Gesellschaft vergiftet.

Mehr gesunde Selbstliebe macht nicht nur jeden und jede einzelne von uns innerlich freier und lebendiger, wir begegnen dann auch anderen Menschen frei von Neid und Konkurrenzgedanken.

Die Selbstliebe wirkt ganzheitlich. Sie ist der entscheidende Schlüssel für unsere gesellschaftliche Entwicklung, denn sie öffnet uns, Bestehendes zu hinterfragen und nach neuen, nachhaltigeren Lösungen im Sinne sozialer Gerechtigkeit, Generationen-Ausgleich und umweltschonendem Umgang mit unseren Ressourcen zu suchen.

Susanne Petz gibt Impulse zur persönlichen Entwicklung. Sie entwirft Leitlinien für ein ehrlicheres und authentisches Miteinander. Sie beschreibt die Chancen, die gesunde Selbstliebe auch für die gesellschaftliche Transformation eröffnet.

Elke Maria Raue

Bewusst essen und trinken
Ein genüsslicher Weg zur Gesundheit

ISBN 978-3-95904-208-6
Edition Forsbach 2023

Essen und trinken mit Genuss

Sie möchten sich vitaler fühlen?
Sie wünschen sich mehr Freude und Genuss in Ihrem Leben?
Sie wollen Ihr Wohlfühlgewicht realisieren?

Es gibt viele Wege – bewusst und genussvoll essen und trinken kann genau der richtige für Sie sein.

In diesem Buch erfahren Sie, wie schon kleine Veränderungen unserer Ernährungsgewohnheiten so viel mehr Wohlbefinden schenken.

Elke Maria Raue, Ernährungs- und Lebensberaterin, gibt Ihnen Tipps für einen erfolgreichen Start in eine neue Praxis des Essens und Trinkens mit Genuss.

Fühlen Sie sich eingeladen, genüssliches Dürfen und Können für sich zu entdecken, sich zu erlauben und zu gönnen.

Erleben Sie, wie gut Ihnen dies tut – nicht nur beim Essen und Trinken.

Viel Vergnügen!

Hal Elrod, David Osborn mit Honorée Corder

Miracle Morning für Millionäre
Das Erfolgsgeheimnis: Was die Reichen vor 8 Uhr tun

Aus dem amerikanischen Englisch von Christina Brombach
Geleitwort von Prof. Dr. Lothar Seiwert
ISBN 978-3-95904-068-6
Edition Forsbach 2019

Wie wäre es, wenn das Erfolgsgeheimnis der Millionäre gar nicht darin besteht, mehr zu tun, sondern vorteilhafter zu handeln?

Die Reichen wissen, dass alles in ihrer Gegenwart davon abhängt, wie sie in der Vergangenheit gedacht, entschieden und gehandelt haben. Trotzdem können Sie Ihre aktuellen Umstände ganz leicht ändern. Und zwar sofort!

In diesem bahnbrechenden Wegweiser zum Reichtum erfahren Sie …

- Dass der Morgen und Reichtum unstrittig zusammenhängen.
- Welcher einfache, fünfstufige Aufwachprozess garantiert, dass Sie früh aufstehen werden – wie ein Millionär.
- Welche vier Entscheidungen Sie treffen müssen, um reich zu werden.
- Die klaren Handlungsschritte, für die Sie sich entscheiden müssen, wenn Sie Millionär werden wollen.
- Einen neuen Umgang mit Affirmationen – und wie Sie sie so nutzen können, dass sie zu Ergebnissen führen.
- Wie das „Rückspiegelsyndrom" Ihr finanzielles Wachstum erheblich hemmen kann.
- Den Schlüssel, wie Sie Ihre blinden Flecken in Zukunftsvisionen verwandeln.

Werden Sie vor 8 Uhr morgens zum *Miracle Morning Millionär.*

Claudia Behringer

Frei und stark
Warum Geld für Frauen wichtig ist

Geleitwort von Dr. Beate Forsbach

SBN 978-3-95904-166-9
Edition Forsbach 2021

Geld ist der Schlüssel zur Freiheit

Das sagte schon im vorigen Jahrhundert die französische Modeschöpferin Coco Chanel, die aus eigener Kraft reich und wohlhabend geworden ist. In der heutigen Zeit vergessen viele Frauen, wie wichtig Geld für sie ist, dass es Freiheit bedeutet und Freude bringt.

Erst wenn es schon fast zu spät ist und sie ohne jede finanzielle Sicherheit dastehen, merken sie, dass sie zu wenig finanzielles Wissen haben, um zur kraftvollen Gestalterin ihrer Zukunft werden zu können.

Claudia Behringer zeigt mit ihrer eigenen Geschichte, dass jede Frau es mit einer Portion Mut schaffen kann, das gewünschte Lebensziel und die eigene Berufung zu finden. Mit 65 Jahren positionierte sie sich neu als Finanzcoach und unterstützt nun – statt Ruhestand – Frauen, die ihre Finanzen und damit ihr Leben selbstständig in die Hand nehmen wollen.

In ihrem Buch vermittelt sie Geldwissen auf eine völlig neue Weise. Damit lernen Frauen, für ein freudvolles und bewusstes Leben finanziell auf eigenen Beinen zu stehen, das Geld in umwelt- und sozialverträgliche Anlageformen zu investieren, ohne der nachfolgenden Generation die finanziellen Bürden einer überalternden Gesellschaft aufzuerlegen.